河北省人文社会科学研究重大课题攻关项目基金
河北经贸大学金融学省级重点学科经费资助

农村中小金融机构
金融创新绩效研究

Research on the performance of financial innovations
of rural small and medium sized financial institutions

王重润、李吉栋、徐临、张超
杨雪美、温凯、刘文东、郭亚涛 / 著

经济管理出版社
ECONOMY & MANAGEMENT PUBLISHING HOUSE

图书在版编目（CIP）数据

农村中小金融机构金融创新绩效研究/王重润等著.—北京：经济管理出版社，2016.12
ISBN 978-7-5096-4701-1

Ⅰ.①农…　Ⅱ.①王…　Ⅲ.①农村金融—金融机构—金融改革—研究—中国
Ⅳ.①F832.35

中国版本图书馆 CIP 数据核字（2016）第 265194 号

组稿编辑：张　马
责任编辑：杨国强　张瑞军
责任印制：黄章平
责任校对：雨　千

出版发行：经济管理出版社
　　　　　（北京市海淀区北蜂窝 8 号中雅大厦 A 座 11 层　100038）
网　　　址：www. E-mp. com. cn
电　　　话：（010）51915602
印　　　刷：北京九州迅驰传媒文化有限公司
经　　　销：新华书店
开　　　本：720mm×1000mm/16
印　　　张：13.75
字　　　数：202 千字
版　　　次：2016 年 12 月第 1 版　2016 年 12 月第 1 次印刷
书　　　号：ISBN 978-7-5096-4701-1
定　　　价：48.00 元

前言

　　"三农"（农业、农村、农民）问题是中国现代化进程中面临的重大问题。中国人口已经接近 14 亿，耕地资源有限，环境污染和城市化建设又导致耕地逐渐减少，粮食安全面临挑战；传统农业生产方式没有得到根本改变，农业生产率较低；农民文化素质与农村社会文明程度较低；农村贫困人口较多，城乡收入差距较大；等等。农村人口占全国总人口比例超过 40%，一定程度上，如果"三农"问题不能得到解决，那么大国崛起、民族复兴大业就要受到影响。

　　中央高度重视"三农"问题。2004 年以来，连续 13 年发布以"三农"为主题的中央"一号文件"，对农村改革和农业发展做出具体部署，显示出"三农"问题在中国现代化进程中的关键地位。2016 年中央"一号文件"《关于落实发展新理念加快农业现代化实现全面小康目标的若干意见》提出目标：到 2020 年，现代农业建设取得明显进展；农民生活达到全面小康水平，城乡居民收入差距继续缩小；解决区域性整体贫困；农民素质和农村社会文明程度显著提升，社会主义新农村建设水平进一步提高；等等。

　　河北是一个农业大省。2015 年农业增加值占 GDP 比例达到 11.5%，农业人口比例为 48.8%。2014 年农民人均纯收入 10186 元，虽然高于全国平均水平，但在京津冀以及东部沿海省份中处于最低水平。河北的"三农"问题比较突出。2015 年颁布的《京津冀协同发展规划纲要》提出了河北解决"三农"问题的一条重要路径：走城乡统筹发展的新型城镇化之路。

解决"三农"问题需要大量资金投入，需要金融支持。目前，农村金融市场主要的资金供给者是农村信用社以及农业银行。但是农村企业以及种养殖户融资难融资贵现象依然普遍存在，说明现行农村金融体系存在缺陷，必须对之进行改造，构建多层次、广覆盖、可持续的农村金融服务体系，发展农村普惠金融，以引导带动社会资金投向农业农村，降低融资成本。近些年来，我国农村金融改革主要包括：一方面对农村信用社实施改革，部分农村信用社实施了股份制改造，改造为农村商业银行；另一方面成立了大量的农村新型金融机构，比如村镇银行、农村资金互助社以及小额贷款公司等。河北农村信用社改革从2004年开始，到2015年底有24家农村商业银行，其他信用社也进行了股份制或者合作制改造。村镇银行发展相对平稳，截至2015年底，河北村镇银行有68家。2008年小额贷款公司开始试点以来，数量增长很快，全省现有480家。这些新的农村金融机构以及改革后的农村信用社更加贴近"三农"和小微企业，理论上可以缓解融资难、融资贵，促进农村经济发展和农民增收。本课题拟通过考查这些农村金融机构在改革后（或成立后）的经营效率以及社会效益，审视这些年来河北农村金融改革服务"三农"的成效，从而为下一阶段农村金融改革提供参考建议。

本书系河北人文社会科学研究重大课题攻关项目——农村中小金融机构金融创新的绩效研究（ZD201415）的研究成果。多位作者通力合作完成了本书，他们是河北经贸大学金融学院王重润教授（第一章，第六章）、李吉栋教授（第二章、第四章）、徐临博士（第五章）、张超博士（第三章第一、第二、第三节）、杨雪美博士（第七章第一、第三节）以及研究生温凯（合作第六章）、刘文东（第三章，第七章第二节）、郭亚涛（合作第五章）。王重润负责拟定写作计划、组织调研以及全书统稿。感谢河北金融办、河北银监局、河北信用社联社以及河北小额贷款公司协会为调研提供的方便，感谢河北经贸大学王晓翌博士、首都经贸大学朱超教授、复旦大学博士后王文春、河北建投小贷公司总经理米献炜博士、省金融办耿保卫处长参与课题讨论，感谢武彤彤老师组织本科学生整理调研数据。感谢参考文献作者，如有遗漏，敬请谅解。

　　本书出版除了得到河北人文社会科学研究重大课题攻关项目基金支持外，还得到了河北经贸大学金融学省级重点学科资金资助。

作者

2016 年 10 月

目　录

第一章

导　论

第一节　选题背景与研究意义

　　农户（小微企业）融资困难是农村金融改革面临的核心问题。成思危（2005）指出，农村金融市场不完善导致了农村资本流向城市。王重润（2008）认为，农村金融市场不完善主要表现为金融抑制与市场失灵同时并存，原因在于农村金融机构少、市场垄断、信息不透明、交易成本高、农业生产经营风险大，等等。农村金融抑制与市场失灵造成农村金融供给不足，信贷配给现象严重。朱喜和李子奈（2006）利用我国 2003 年近3000 户农村家庭调查数据，证实了农村金融机构对农户的信贷配给行为。他们认为政府干预和信息不对称是造成融资约束的重要原因。而融资约束导致农户（小微企业）资本投入不足，制约"三农"发展。所以，推进农村金融改革具有重要意义。

　　2003 年以来，在金融体制转型过程中，包括中国农业银行在内的商业银行逐渐退出农村金融市场，收缩农村信贷业务。农村信用社成为河北农村金融市场上的主要供给者，涉农贷款则基本由农村信用社垄断。农村信用社（含农村商业银行）营业网点分布最广，2015年底达到4848个，遍及县域及农村地区。国有商业银行农村地区网点数量呈下降趋势，其中，农业银行下降最多，全省分支机构数量从2004年143家减少到2007年的82家，不过在2009年中国农业银行股改上市之后，明确定位在支持"三农"与中小企业，营业网点数又有增长，2015年底达到1051个，但这些网点大部分分布在中心城市和县城，乡镇等农村地区分布较少。总体来看，目前农信社（以及改制后的农村商业银行）始终是农村金融的主要供给者。表1-1给出了河北2000~2015年农村信用社贷款情况。从表1-1中可以看出，信用社贷款占金融机构贷款比重逐年下降，但农信社贷款余额是同期农业银行贷款余额的1倍多，最多时候超过5倍。在涉农贷款中，农村信用社贷款占比更高，2009年为63.37%，此后随着中国农业银行向农村业务的回归以及新型农村金融机构的出现，农村信用社涉农贷款比重有所下降，但也超过了37%。

为强化农村金融机构对新农村建设的支持，2006年12月，银监会发布《关于调整放宽农村地区银行业金融机构准入政策，更好地支持社会主义新农村建设的若干意见》，标志着我国新一轮农村金融体制改革启动。该《意见》明确提出，放宽农村金融市场准入条件，允许境外银行资本，产业资本和民间资本到农村地区投资、收购、新设各类新型金融机构，主要包括村镇银行、贷款公司、资金互助社以及小额贷款公司等。2008年5月，银监会和中国人民银行联合下发了《关于小额贷款公司试点的指导意见》，扩大了小额贷款公司的试点范围。新型农村金融机构开始迅速发展。2008年，全国共新成立新型农村金融机构107家，其中村镇银行91家，农村资金互助社10家，贷款公司6家。截至2015年底，全国共组建1373

家新型农村金融机构（含筹建和开业），其中包括 1311 家村镇银行、14 家贷款公司和 48 家农村资金互助社。8 年间，全国新型农村金融机构数量增长 9 倍①。小额贷款公司发展更快，截至 2016 年 6 月，全国在工商注册的小额贷款公司 8810 家，实收资本 8379.2 亿元，贷款余额 9380.1 亿元。

表 1-1 河北省金融机构贷款情况

单位：亿元

时间	贷款余额：括号中为涉农贷款余额	信用社贷款余额	中国农业银行贷款余额	信用社贷款占农业银行比重	信用社贷款占全部贷款比重（%）括号中数字为占涉农贷款比重
2000	2933.19	895.71	623.62	1.43	0.31
2001	3098.89	996.75	690.85	1.44	0.32
2002	3488.18	1077.09	809.76	1.33	0.31
2003	3854.72	1207.89	912.28	1.32	0.31
2004	6152.24	1353.6	1068.39	1.26	0.22
2005	6415.23	1362.36	1105.76	1.23	0.21
2006	7411.88	1623.99	1225.41	1.32	0.22
2007	8397.82	1893.13	333.84	5.67	0.23
2008	9453.3	2084.29	—	—	0.22
2009	13123.8 (4010.37)	2541.76	—	—	0.19 (63.37)
2010	15755.74 (5149.32)	3033.53	1575.00	1.93	0.19 (58.91)
2011	18143.99 (6805.83)	3535.19	1754.00	2.02	0.19 (51.94)
2012	21317.96 (8412)	3972.28	1965.00	2.02	0.19 (47.22)
2013	24423.2 (10153.71)	4042.53	2213.00	1.83	0.16 (39.81)
2014	28052.29 (11758)	4361.03	2505.00	1.74	0.15 (37.08)
2015	32551	6083	—	—	0.186
2016.6	—	6683.9	—	—	—

注：数据来源：历年《河北经济年鉴》以及 Wind 资讯。

---

① 数据来源：2015 年银监会年报。

农村信用合作社（包括农村合作银行、农村商业银行，以下简称农信社）、村镇银行和小额贷款公司是我国农村中小金融体系的主要组成部分。截至 2015 年底，我国农村中小金融机构资产规模占全国银行业总资产规模的 12.9%，较 2013 年的 11.5% 上涨了 1.4 个百分点。

农村中小金融机构的快速发展是农村金融改革与创新的结果。但这并不一定意味着农村金融供给会随之增加。因为农村中小金融机构目标客户贷款项目与商业银行有系统性差别。农村金融需求特点表现为分散化、小额化、多样化以及合格抵押品和担保缺乏等特点。这意味着农村中小金融机构必须通过金融创新，提供与农村金融需求相适应的金融产品以满足农村地区的金融需求，以及提高自身经营绩效，形成可持续发展的竞争能力。

金融创新最重要的目标在于解决农村融资约束问题。以往针对商业银行的研究主要以银行经营绩效和盈利能力为研究对象。农村中小金融机构的特点要求我们不能仅仅以盈利能力衡量农村中小金融机构绩效，还要评估农村中小金融机构发展对当地经济和社会发展产生的影响。随着农村金融改革的逐步推进，有两个问题需要我们进行深入研究和探讨。第一，在农村金融改革不断深化的背景下，农村中小金融机构经营绩效有什么变化？这需要我们系统掌握影响农村中小金融机构经营绩效的因素及其影响机制。第二，以政府为主导的农村金融体制改革与农村金融创新是否产生了预期的效果，即农村中小金融机构发展是否提高了农民收入，促进了当地经济发展。本书试图通过实证研究来回答上述两个问题。

第二节 文献综述

农村中小金融机构多以政策为导向，在运营过程中过分强调其政策目标，忽视了资产质量和生产效率，是导致农村中小金融机构盈利水平偏低的主要因素（Yaron 等，1997；Seibel，2005）。同时，政府部门对农村金融市场的过度干预对农村中小金融机构经营者起到反向激励作用，导致农村中小金融机构运营效率低下（Koveted，2003）。杨海芬等（2014）分别从纵向和横向两个角度对我国新型农村金融机构的发展状况进行了详细的描述性统计分析，探索我国新型农村金融机构发展中存在的问题；并以此为契机，重点从新型农村金融机构的主导——村镇银行的效率入手，利用DEA 方法从纵向和横向两个角度对我国试点新型农村金融机构工作开展以来村镇银行运行的技术效率、纯技术效率、规模效率和规模报酬进行整体系统的评价，探索影响我国新型农村金融机构运行效率的原因。整体来看，我国新型农村金融机构在发展过程中取得了一定的成效，三类新型农村金融机构的数量、规模以及盈利水平都在不断地增长。村镇银行的盈利能力持续增长，经营业务和经营管理模式不断创新，先后创新和实行"总分行制"、"管理总部制"、"控股公司制"和"子银行"四种发展模式，取得一定效果；农村资金互助社发展模式呈现多样化，支农效果明显增长。但新型农村金融机构尚处于发展阶段，其运行过程中存在较多问题。村镇银行金融服务竞争力不足、全国布局失衡、偏离支农轨道、"主发起行制度"存在隐患等问题突出；农村资金互助社存在资金短缺、社员整体素质偏低、服务范围小、政府引导和支持不足等问题；贷款（小额贷款）公司身份模糊、基础条件总体偏差等问题严重。这些问题一定程度上影响了其效率的提高。

农信社是农村金融服务供给的主体。农村金融改革的主要内容之一便是农信社改革。农信社改革自2003年启动以来，对农信社改革成效的争论就一直没有停止过。例如，程恩江（2003）通过构建补贴依赖指数，探讨了我国农村信用社运营效率的影响因素。研究结果表明，历史遗留不良贷款对信用社运营效率有重要影响。进一步的研究还发现，农村信用社的运营效率存在较大的区域差异性。随着我国农村信用社改革的逐步推进，一些学者对改革前后农村信用社的运营效率进行了比较研究，得出的结论也并不一致。一些学者研究发现，随着改革的深入，农村信用社的运营效率逐步提高（谢庆健，2002；褚保金，2004；张兵等，2008；师容容、徐璋勇，2012；黄强，2012）。与上述研究结论不同，谢平等（2006）则认为农信社改革并没有起到显著作用。内部人控制、决策机制等问题并没有随改革进行得以解决。农信社盈利主要来源于政策优惠。曹延求和段玲玲（2014）利用山东省133家县、市级农村信用社的高管调查数据研究了高管人员特征与信用社业绩的关系。蓝虹、穆争社（2014）认为，现有文献没有考虑外部环境因素以及产权因素对农信社经营效率的影响，导致研究结论的可靠性下降。他们采用三阶段DEA模型，把不良贷款作为非期望产出，剔除环境影响因素之后，发现2007年以来，农信社经营效率改善，但整体上还处于技术无效率状态，主要原因是纯技术无效率，还有经营规模偏小。农村商业银行经营绩效总体上高于尚未转制的农信社。

村镇银行是新型农村金融机构的重要组成部分。2006年，银监会发布了《关于调整放款农村地区银行业金融机构转入政策更好地支持社会主义新农村建设的若干意见》，提出了农村金融市场开放的试点方案，村镇银行作为农村金融创新应运而生。截至 2015 年底，全国共有村镇银行 1377 家，昆山鹿城村镇银行 2015 年 8 月在新三板挂牌交易，成为首家在资本市场融资的村镇银行。村镇银行被认为是农村金融增量改革的成果，是缓解农村金融供给不足的重要机制（王曙光，2009），在破除农村地区受到的金融排斥方面发挥重要作用（孟德峰、卢亚娟等，2012）。但是村镇银行能否按照制度设计的初衷服务农村地区，并不仅取决于村镇银行自身意愿，还受到很多外部约束，比如大股东偏好约束、隐性担保缺失的影响、产权与内部治理约束、运行成本、信息不对称约束等，这些约束会制约村镇银行支农效果（王曙光，2009）。尽管村镇银行产生时间较短，但是已经有学者开始研究村镇银行的绩效，从而为评价村镇银行制度设计的成效提供依据。吴少新等（2009）使用 DEA 超效率模型对 4 家村镇银行经营效率进行了实证研究，结果表明，村镇银行运行效率参差不齐，存款规模小、资本金规模小、盈利能力差的村镇银行经营效率偏低。赵炳奇（2013）以浙江长兴联合村镇银行为案例，从可持续性、覆盖面、社会影响力三个方面对村镇银行绩效进行评估。研究发现，该村镇银行自我发展持续性较好，资金实力较强，但存款资金来源不足，资金成本较高的问题。

小额贷款公司在支持农村经济发展与小微企业方面发挥了重要作用。但小额贷款公司自面世之日起，其可持续发展以及商业模式问题就引起了广泛关注。制约小额贷款公司可持续发展的主要障碍在于定位不明确、缺少稳定持续的资金来源、包括资金成本与税费成本在内的经营成本高、优惠政策落实不到位以及缺少征信支持等（王重润等，2014；杨林生、杨德才，2014）。小额贷款公司在省际间发展存在差异，有些省份情况要略好一些，主要是因为这些省份在主发起人资格条件、融资比例或者融资渠道限制以及跨区域设立分支机构等方面采取了突破政策（胡金焱，梁巧慧，2014）。私人资本是小额贷款公司重要的资金来源，调动私人资本投资积极性对于小额贷款公司可持续发展具有重要意义（杨福明，章俏慧，2013）。小额贷款公司经营效率是政府在制定补贴政策以及私人资本进行投资决策的时候需要考虑的问题。杨虎峰和何广文（2011）利用42家小额信贷公司数据实证研究发现，我国小额贷款公司整体运行效率较高。通过扩大经营规模有利于提高小额贷款公司的经营效率。

对于农村中小金融机构社会绩效的研究，已有的文献大多以中小金融机构发展对农村收入和农村经济发展的影响为切入点，探讨农村金融改革的效果，大部分研究证明农村金融发展对农村经济增长、增加农民收入具有促进作用。例如，李春霄和贾金荣（2012）以改革开放后近30年的数据为基础，通过农村金融效率、农村金融结构和农村金融规模三个指标进行农村金融发展水平测评，运用协整检验和误差修正模型进行实证研究。结果显示：农村金融发展与农村经济增长长期内存在显著的相互作用关系。王修华和关键（2014）测算了农村金融包容度指数，然后利用面板模型对31个省区2006~2011年农村金融包容水平与收入差距效应之间的关系及区域差异进行研究，发现提高农村金融包容水平会影响收入变动，缩小城乡收入差距，在农村金融包容水平低的地区，该效应更为显著。但是也有学者对农村金融减贫作用持怀疑态度。胡宗义等（2014）利用PVAR模型研究了农村正规金融的减贫效应，研究结果表明，虽然农村正规金融在一定程度上缓解了农村贫困，但由于农村正规金融供给、需求及金融制度存在缺陷，农村正规金融在降低整体贫困发生率、缩小贫困农户收入与贫困线差距等方面反而产生了消极影响。

综上所述，现有文献探讨了农村金融发展对于农村经济增长、农民增收的促进作用；分析了农村中小金融机构发展遇到的障碍，利用 DEA 方法、主成分分析法、因子分析法、财务比率分析法等对其经营绩效进行了评价，多数文献认为农信社与小额贷款公司的经营效率有一定程度改善与提升，而村镇银行经营是否具有效率还存在争议。从数据上看，基本采用宏观经济数据，省级数据或者问卷调查数据与案例，在宏观层面或者省际之间进行研究较多，但受制于数据来源，对于省内区域之间经营效率差异以及微观个体经营效率差异的研究相对较少。本书利用有关部门如省银监局、小额贷款协会和省信用社联社提供的权威数据，对河北农村中小金融机构金融创新的经营效率以及社会效益进行研究，从而可以丰富理论研究，并且提供相关政府部门决策参考以及实践操作指引。

第三节 主要研究内容与基本观点

本书以转型时期农村金融改革为背景，探讨了金融创新对河北农村中小金融机构绩效的影响以及农村中小金融机构发展带来的社会效益。

（1）我们对河北金融创新能力以及农村金融创新水平进行评价。从金融发展环境与金融发展水平两个层面设计了 14 个二级指标，运用 SPSS 17 软件进行因子分析，采用主成分分析法提取公因子，得出相关系数矩阵的特征值、贡献率、累计贡献率、因子载荷举证等，最终得到国内各个省级区域金融创新综合评价值并进行排序。结果显示，河北金融创新水平综合排名位列第 9。随后，我们对河北农村金融创新水平进行了研究。在数据可得的前提下，选择了三个指标——农村贷款转化率、农村金融结构、农村金融效率，在此基础上构造了农村金融创新综合指数，计算结果显示，1998~2006 年，农村金融创新水平较低，但 2006 年以后农村金融创新水平呈现快速发展态势。但是与农村金融需求相比，仍有差距。

（2）我们着重分析了农村新型中小金融机构——村镇银行、农村信用社以及小额贷款公司的经营效率。我们运用因子分析法对河北 33 家连续经营三年以上的村镇银行的经营绩效进行了评价。从收益性、安全性、资产质量、流动性四个方面选取 9 个绩效指标，对 9 个绩效评价指标做因子分析，评价其经营绩效。然后选取户均贷款、小微企业户均贷款、农户户均贷款、小微和农户贷款占贷款总额的比例、小微企业贷款比例、农户贷款比例等指标综合评价创新能力，并运用相关性检验和聚类分析法研究村镇银行的金融创新与经营绩效的关系。整体看，由于经营时间较短，河北村镇银行还处于发展的初期阶段，大部分村镇银行经营绩效并不乐观。

我们以河北 11 地市小额贷款公司为研究对象，运用 VRS-DEA 模型及 Malmquist 生产率指数对河北各地区间小额贷款公司的经营效率进行了实证分析与评价。同时，将各地区的小额贷款公司进行横向比较，分析各地区小额贷款公司之间效率差异状况。研究表明：河北各地市之间小额贷款公司的全要素生产率总体呈现波动下降的趋势，全要素生产力长期来看有待提高，其原因是纯技术效率低和技术进步的缓慢；小额贷款公司整体经营效率比较高，技术效率、规模效率和纯技术效率的差异不显著且区域间不存在明显的差异状况，资源的配置趋于最佳，但各地区的小额贷款公司在纯技术效率方面还有待提高。提升效率应从增加技术投入、改善管理等纯技术效率方面入手。

我们采用河北 11 地市农村信用社 2005~2014 年的面板数据，分别用 BCC 模型、超效率 DEA 方法以及 Malmquist 指数测度各地市农信社效率，并用 Tobit 模型分析了河北农信社 DEA 效率的影响因素。分析表明，2005~2014 年农信社整体经营效率有所改善，各地市农信社经营效率差异比较明显。但整体看，农信社仍然处在技术无效率状态，主要是纯技术效率低，其次是规模效率不高。Tobit 分析表明信贷规模、风险控制能力以及金融创新水平等反映规模效率与纯技术效率的内部因素以及以人均可持配收入、农业生产总值占比等表示的环境变量，对经营效率有明显影响。

（3）在分析农村中小金融机构经营绩效基础上，实证研究农村金融创新的社会效益。首先利用对河北将近两千个农村家庭调查数据，分析农村金融创新对农户金融需求及收入等方面的微观影响。其次利用宏观经济数据实证研究农村金融创新对农村经济发展，农村收入增长等方面宏观影响。

本研究基本观点：

农村中小金融机构担负着服务"三农"的重要职责，因此与大型商业银行相比其经营绩效和盈利水平较低。同时，农村中小金融机构与大型商业银行之间存在互补关系，其业务范围和主要服务对象是大型商业银行无法或不愿意覆盖的地区。因此，对于农村中小金融机构，不仅要重视其经营绩效，也要重视其产生的社会绩效。我们认为，以政府为主导的农村金融市场改革促进了农村中小金融机构的发展。农村中小金融机构创新水平较高的地区，当地的农户和小微企业融资能力越强，投资水平和收入水平越高。进一步地，农村中小金融机构创新水平越高的地区，当地农村经济增长速度越快。

本书实证研究以河北农村中小金融机构数据为样本，具有一定的代表性。河北属于农业大省，农业经济比重较大。因此以河北为样本的研究具备一定的政策前瞻性。对决策者来讲，一方面，在市场竞争程度不充分的情况下，如何通过政策引导提高农村中小金融机构金融创新水平，使其成为新农村建设的有力保障，对其他省份的农村金融机构发展也具有一定的借鉴意义；另一方面，如何准确评估政策的有效性也是决策者迫切需要解决的问题。本书为河北农村金融改革提供了一个新的视角和参考意见，为评估当前农村金融改革提供了新的思路。对金融机构自身来讲，本书的研究结论可以帮助农村中小金融机构提高经营绩效，促进农村中小金融机构的健康发展。

第二章
河北农村金融发展现状

第一节　农村金融机构体系

农村金融机构按照一般的划分标准，包括正规金融机构和非正规金融机构两类。正规性金融机构是指经过注册并取得相应金融业务牌照的金融机构。非正规金融机构是指那些未纳入监管、未取得经营许可的农村民间金融组织如私人钱庄等。

一、正规农村金融机构

正规农村金融组织主要包括中国农业银行、农村信用社（农村商业银行）、中国农业发展银行、邮政储蓄，以及后来的村镇银行、小贷公司等新型农村金融机构。但一直以来为农村地区提供相关金融服务的机构主要是农村信用社、中国农业银行和中国农业发展银行。其中，农村信用社更是直接面向农户进行贷款等方面的支持，中国农业发展银行不参与市场化的金融服务，基本上只负责政策性业务。目前，河北已经初步形成正规农金融组织为主，新型农村金融机构和非正规农村金融机构为辅的市场结构。

（一）中国农业发展银行

中国农业发展银行成立于 1994 年，是我国唯一一家农业政策性银行，其主要任务是按照国家的法律、法规、方针、政策，以国家信用为基础，筹集农业政策性信贷资金，承担国家规定的农业政策性和经批准开办的涉农商业性金融业务，代理财政性支农资金的拨付，为农业和农村经济发展服务。

中国农业发展银行 2010~2015 年的业务发展情况如表 2-1 所示。

表 2-1　中国农业发展银行 2010~2015 年主要业务数据

年份	资产总额（亿元）	存款余额（亿元）	贷款余额（亿元）	净利润（亿元）	不良率（%）
2010	17508.3	2659	16710	36.2	2.8
2011	19534.7	2855	18738	67.8	1.5
2012	22930.8	4220	21851	142.9	1.0
2013	26226.8	4483	25027	141.4	0.7
2014	31422.1	5635	28314	143.0	0.6
2015	41840.5	9375	34400	150.7	0.83

数据来源：中国农业发展银行年报和官方网站披露数据。

（二）商业银行

商业银行主要指以盈利为目的，根据农村经济发展需要，开展对农户和涉农中小企业提供金融服务的机构，包括大型国有银行，股份制商业银行和各城市银行，但主要服务农业和农村经济发展的商业银行，在河北主要指中国农业银行河北分行，中国邮政储蓄银行。在众多商业银行中，中国农业银行由于在改革初期的先天优势使得其在农村地区营业网点分布广泛，农村客户黏性更高，农村金融服务更全面，对农村经济发展状况更了解，与农村客户合作经历久是其独有的优势。

中国农业银行的前身最早可追溯至 1951 年成立的农业合作银行。20

世纪 70 年代末以来，农行相继经历了国家专业银行、国有独资商业银行和国有控股商业银行等不同发展阶段。2009 年 1 月，农行整体改制为股份有限公司，2010 年 7 月分别在上海证券交易所和香港联合交易所挂牌上市，完成了向公众持股银行的跨越。

中国农业银行 2010~2015 年的业务发展情况如表 2-2 所示。

表 2-2　中国农业银行 2010~2015 年主要业务数据

年份	资产总额（亿元）	存款余额（亿元）	贷款余额（亿元）	净利润（亿元）	不良率（%）
2010	103374.06	88879.05	47880.08	949.07	2.03
2011	116775.77	96220.26	53988.63	1219.56	1.55
2012	132443.42	108629.35	64333.99	1451.31	1.33
2013	145621.02	118114.11	72247.13	1662.11	1.22
2014	159714.52	125333.97	80980.67	1795.10	1.54
2015	177913.93	135383.60	89099.18	1807.74	2.39

数据来源：中国农业银行年报。

中国邮政储蓄银行于 2007 年 3 月 20 日正式挂牌成立，是在改革邮政储蓄管理体制基础上组建的商业银行。中国邮政储蓄银行承继原国家邮政局、中国邮政集团公司经营的邮政金融业务及因此而形成的资产和负债，并将继续从事原经营范围和业务许可文件批准、核准的业务。2012 年，中国邮政储蓄银行有限责任公司整体改制为中国邮政储蓄银行股份有限公司。

中国邮政储蓄银行 2010~2015 年的业务发展情况如表 2-3 所示。

表 2-3　中国邮政储蓄银行 2012~2015 年主要业务数据

年度	资产总额（亿元）	存款余额（亿元）	贷款余额（亿元）	净利润（亿元）	不良率（%）
2012	49031.03	46592.99	12082.62	283.71	0.36
2013	55744.51	52064.68	14632.60	296.68	0.51
2014	62983.25	58029.46	18320.67	325.67	0.64
2015	72963.64	63050.14	24125.85	348.57	0.80

数据来源：中国邮政储蓄银行年报。

（三）合作性农村金融机构

河北合作农村金融机构主要是指农村信用合作社。2004 年 8 月，依照国务院的决定，我国的 21 个省（区、市）被列为改革试点，将农村信用社的管理权交给省级政府，成立省级管理机构，河北位列其中。自 2005 年河北农村信用社联合社成立以来，农信社一直坚持以为"三农"和县域经济发展提供更全面、更便捷、更有力的金融服务为工作重点。

最初，农村信用社的主要资金来源是合作社成员缴纳的股金、留存的公积金和吸收的存款，贷款主要用于解决其成员的资金需求，后来随着经济发展，农村信用社的放款渠道逐渐放宽。目前，农村信用社只是在名称上保留了合作性质，但实质上逐渐转变为小型的商业性金融机构。

农村信用社 2010~2015 年业务发展情况如表 2-4 所示。

表 2-4　农村信用社 2010~2015 年主要业务数据

年份	总资产（亿元）	所有者权益（亿元）	税后利润（亿元）	存款余额（亿元）	贷款余额（亿元）
2010	63911.00	2793.00	232.90	50409.95	33972.91
2011	72047.00	3471.00	531.20	55698.92	36715.91
2012	79535.00	4014.00	654.00	59724.84	38370.09
2013	85951.00	4517.00	729.20	65119.50	41167.62
2014	88312.00	5042.00	829.80	66539.53	42480.65
2015	86541.00	5162.00	663.70	—	—

数据来源：Wind 资讯。

农村商业银行是在农村信用社改制组成的股份制金融机构。农村信用社改制为农村商业银行，资本金得到充实，经营更加规范，业务范围也有所拓宽。有些改制的农村商业银行，在机构资产质量提升、规模扩大以后，出现了贷款非农化的倾向，大量从农村地区吸收的资金转移到了城市，信贷资金投入到城市建设、大中型国有企业及进行同业拆借等用途。但是，改制不应该动摇农村商业银行立足农村、服务"三农"的根本，以农村中小型涉农企业的重点服务对象，开发在新形势下适合农村经济发展的金融产品，应重点研究农业产业的产前、产中、产后的服务产品，积极支持农业产业升级和农业现代化。

农村商业银行 2010~2015 年业务发展情况如表 2-5 所示。

表 2-5　农村商业银行 2010~2015 年主要业务数据

年份	总资产（亿元）	所有者权益（亿元）	税后利润（亿元）	存款余额（亿元）	贷款余额（亿元）
2010	27670.00	2026.00	279.90	—	—
2011	42527.00	3320.00	512.20	32941.65	21149.55
2012	62751.00	4910.00	782.80	49516.02	32195.64
2013	85218.00	6726.00	1070.10	67037.08	43267.12
2014	115273.00	9318.00	1383.00	78162.63	50092.81
2015	152342.00	12000.00	1487.40	—	—

数据来源：Wind 资讯。

（四）新型农村金融机构

新型农村金融机构包括村镇银行、贷款公司和农村资金互助社。2008年 6 月，河北第一家村镇银行——张北信达村镇银行成立开创了河北新型农村金融机构的先例。截至 2014 年底，新型农村金融机构已达到法人机构 62 家，资产总量 192.6 亿元。

小额贷款公司是由自然人、企业法人与其他社会组织投资设立，不吸收公众存款，经营小额贷款业务的有限责任公司或股份有限公司。

村镇银行是指经中国银行业监督管理委员会依据有关法律、法规批准，由境内外金融机构、境内非金融机构企业法人、境内自然人出资，在农村地区设立的主要为当地农民、农业和农村经济发展提供金融服务的银行业金融机构。村镇银行不同于银行的分支机构，属一级法人机构。村镇银行主要为当地农民、农业和农村经济发展提供金融服务。在经营范围方面，村镇银行可以吸收公众存款，发放短、中、长期贷款，办理国内结算，办理票据承兑与贴现，从事同业拆借、银行卡业务，代理发行、兑付、承销政府债券，代理收付款项及保险业务和银监会批准的其他业务。

农村资金互助社是指经银行业监督管理机构批准，由自愿入股组成的社区互助性银行业金融业务的法人组织。农村资金互助社实行社员民主管理，谋求社员共同利益，对社员股金、积累及合法取得的其他资产所形成的法人财产，享有占有、使用、收益和处分的权利，并以上述财产对债务承担责任。2004年7月，全国首家农村资金互助社吉林省梨树县百信资金互助社成立，2007年3月，该社得到第一张资金互助社的金融许可证。之后各地资金互助社在银监会《农村资金互助社管理暂行规定》及其示范章程的引导下，开始走向正规化发展，截至2012年，最终有49家农村资金互助社得到金融许可证。伴随2012年银监会暂缓审批农村资金互助社牌照，正规化的大门关闭了。2013年党的十八届三中全会决议提出"允许合作社开展信用合作"，2014年中央"一号文件"又提出"在管理民主、运行规范、带动力强的农民合作社和供销合作社基础上，培育发展农村合作金融……推动社区性农民资金互助组织发展"。农民合作社和供销合作社，成为开展资金互助的组织基础。在此基础上，全国各地的资金互助社遍地开花，但也存在鱼龙混杂和浑水摸鱼的现象，一些地方出现了资金互助社负责人跑路的现象，资金互助社的正规性和合法性也遭到了一些人们的质疑。

二、非正规农村金融机构

农村非正规金融机构主要包括民间自由借贷、私人钱庄等。由于20世纪90年代后期国有商业银行在经历亚洲金融危机之后纷纷采取"去农化"大量裁撤农村金融网点，导致农村金融供需的严重不均衡。这给非正规农村金融组织提供了发展空间。非正规金融以民间借贷形式存在，也有少量的农业企业集资和私人钱庄或者典当行的形势存在，在一定程度上填补了农村金融空白。但是非正规金融机构主要经营资金借贷，其资金的来源与去向不受监控，民间非正规金融引发的区域性金融风险问题不断增加。鉴于资料数据搜集方面的困难，本书对非正规农村金融机构不做过多研究。

第二节　农村中小金融机构发展历程

发展农村中小金融机构，对培育健康、多元化、竞争性的农村金融服务体系，增加农村金融供给，提高对农户和农村小微企业的金融服务水平具有重要作用。当前，我国的农村中小金融机构主要包括农村信用社（含在农村信用社基础改制的农村商业银行、农村合作银行）、小额贷款公司、村镇银行、农村资金互助社等。由于农村资金互助社的数量少、规模小，并且存在较大争议，本书暂不对农村资金互助社做进一步的研究。本章将主要分析三类农村中小金融机构：农村信用社（农村商业银行、农村合作银行）、小额贷款公司和村镇银行。

一、农村信用社的发展历程

（一）改革开放前的农村信用社（1951~1978 年）

1951 年 5 月，中国人民银行组织召开了第一届全国农村金融工作会议，明确了农村信用社在组织性质、功能定位以及业务范围等一系列问题，为信用社的发展指明了方向。1955年，中国人民银行颁发了《农村信用合作社章程》，对农村信用社的性质和任务从规章制度上进行了更加明确的规定。

从1951年全国农村工作会议开始到1958年，农村信用社在中国人民银行管理下稳步发展。但1958~1978年这20多年里，农村信用社在混乱的管理体制下，经营管理受到了极大影响。1958年12月，国务院专门下发文件，将农信社与银行营业所合并，称为"信用部"，下放给人民公社管理。1959年5月，中国人民银行收回了下放给人民公社的银行营业所，下放给生产大队，变为"信用分部"。1962年，中央政府将农信社的领导权从生产大队收回，由中国人民银行进行全面、垂直的领导。但是到1966年，刚刚走上健康发展道路的农村信用社又被"文化大革命"卷入了动荡的漩涡，信用社实行贫下中农管理，信用社职工"亦工亦农"。1972年10月，重新明确信用社职工的性质，放弃"亦工亦农"的道路。1977年，受"左"的思想影响，信用社完全交由银行管理，把全民所有制的国家银行与集体所有制的信用社合二为一，农村信用社成为官办银行的附庸。到这时，农村信用社的合作组织原则上已不复存在。

（二）农业银行控制下的恢复阶段（1979~1995年）

1979年2月，国务院发出《关于恢复中国农业银行的通知》，农村信用社成为中国农业银行的基层机构。1980年，中共中央对农村信用社的改革做出指示：农村信用社应该是在银行的领导下，实行独立核算、自负盈亏的农村合作金融组织。中国农业银行据此于1982年开始不再将农村信用社当成附属机构，而是将其作为独立的经济实体管理。

1984年6月，农行就农信社改革问题向国务院作了专题报告，8月国务院将《关于改革信用社管理体制的报告》批转各地执行。报告指出："信用合作社管理体制必须抓紧改革，同时改革又是十分谨慎的，中国农业银行要加强对信用社的领导，不宜改变隶属关系。通过改革，恢复和加强信用合作社组织上的群众性、管理上的民主性、经营上的灵活性，实行独立经营、独立核算、自负盈亏，充分发挥民间借贷的作用，把信用社真正办成群众性的合作金融组织。"此后，农村信用社以恢复"三性"为主的改革开始在全国大范围地铺开，而且明确了农信社"自主经营、自负盈亏"的独立法人的改革方向。1984 年开始，各地陆续建立了县级信用联社，这是信用社走向完全自主管理和发展的重要标志。1993 年 12 月 25 日，国务院发布了《关于金融体制改革的决定》，明确了"建立政策性金融与商业性金融分离，以国有商业银行为主体、多种金融机构并存的金融组织体系"的改革目标。

（三）重塑合作制发展阶段（1996~2002 年）

1996 年 8 月，国务院发布《农村信用社与中国农业银行脱离行政隶属关系实施方案》的通知，正式宣告农信社与农行脱钩，农村信用社开始走上独立发展的道路。从 1996 年开始的这轮改革，其核心是把农村信用社办成由社员入股、社员民主管理、主要为社员服务的真正的农村合作金融组织。从更深层次意义上讲，这是一段农村信用社价值核心由"官办"银行向"民办"合作金融组织回归的历程。1997 年 3 月，国务院发布了《关于开展规范农村信用社工作的意见》，对按合作制原则规范农村信用社工作的主要内容、政策以及实施步骤作了具体安排，以合作制规范农村信用社的改革进程正式启动。1997 年 9 月，中国人民银行颁布了《农村信用合作社管理规定》和《农村信用合作社县级联社管理规定》。11 月，又颁布了《农村信用社章程（范本）》和《农村信用社县级联社章程（范本）》。这一系列法规性文件，为加强对农村信用社以及县级联社的监管，规范其行为，保障其依法、稳健运行，提供了明确的法规依据。

随着改革的推进，中国人民银行越发意识到农村信用社改革规模庞大、各地情况不一，单靠中国人民银行的监管力量很难全面覆盖整个农村信用社体系的改革，因此组建省级行业自律组织被提上了日程。1999年4月开始在黑龙江、陕西、四川、浙江、福建5省开展省级信用合作自律管理组织试点，试点省份的农信社行业管理职能也逐步移交给了行业协会，农村信用社行业管理和监管职责实现分离。1999年12月，全国首家省级农村信用合作社联合社——宁夏回族自治区农村信用合作社联合社成立。

在农村信用社管理机制改革的同时，一些地区也在探索开展农村信用社的产权制度改革。2000年7月，国务院正式批准在江苏省进行农村信用社改革试点，江苏省原有的1746个农信社合并为82个独立的县级法人；2001年，江苏省常熟、张家港、江阴三市的农村信用社分别在合并重组的基础上成立农村商业银行；2003年4月，浙江省宁波鄞县农村合作联社改建为宁波鄞州农村合作银行。

（四）全面深化产权制度改革阶段（2003年至今）

2003年6月，国务院出台《深化农村信用社改革试点方案》（国发〔2003〕15号），并选择8个省市进行改革试点。该方案指出：由省级政府承担辖内农信社的管理和风险责任；可以选择股份制、股份合作制、继续维持合作制等制度形式，推行股权结构多样化、投资主体多元化，吸收各类经济主体和自然人入股；给予8省市部分农信社保值储蓄利息贴补及适当税收优惠政策；农信社历年亏损和资产损失由中央和地方共同分担，由中国人民银行通过发行专项票据的方式核销农信社自2002年以来的历年亏损和资产损失的一半。2004年8月，国务院办公厅下发《关于进一步深化农村信用社改革试点的意见》（国办发〔2004〕66号），明确除西藏和海南外的其余省市全面推开类似的改革。2006 年 12 月，海南省农村信用社纳入深化改革试点范围。这次改革以明晰产权和完善管理体制为改革的核心内容，提出把农村信用社逐步办成"社区性地方金融机构"。各地按照因地制宜、分类指导的原则，积极探索和分类实施股份制、股份合作制、合作制等各种产权制度，建立与各地经济发展、管理水平相适应的农村商业银行、农村合作银行、县（市）统一法人社或乡镇、县（市）两级法人社等多种信用社组织形式。信用社的管理和风险责任移交省级人民政府后，各省（区、市）人民政府结合农村合作金融机构特点，探索建立了多样化的管理体制。北京、天津、上海、重庆 4 个直辖市组建了统一法人的农村商业银行；宁夏回族自治区组建了两级法人的农村商业银行；其他 25 个省（区）组建了省联社，具体承担对辖区内农村信用社的管理、指导、协调和服务职能。

2010 年，银监会表示未来五年，农信社股份制改革将全面完成，为此银监会将不再组建农村合作银行，现有农村合作银行也要改制为农村商业银行。银监会陆续制定实施相关制度办法，推动资格股向投资股转化，支持组建农村商业银行或股份制的农村信用社，同时指导农村信用社引进新的优质合格股东，优化产权结构，改善公司治理。截止到 2014 年，全国组建农村商业银行 820 家，如图 2-1 所示。

二、小额贷款公司的发展历程

小额贷款起源于 20 世纪 70 年代孟加拉国著名经济学家穆罕默德·尤努斯教授的小额贷款试验。尤努斯教授针对穷人很难获得银行贷款以摆脱贫穷现状的问题，成立了互助性质的小额贷款组织。

1994 年，小额信贷的模式被引入中国。最初的试点是由一些非政府组

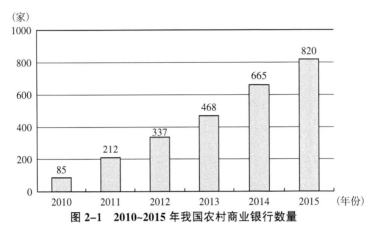

图 2-1 **2010~2015 年我国农村商业银行数量**

数据来源：银监会官方网站。

织或社会团体进行的小规模试验，小额信贷的主要资金来源是一些国际上的捐助以及软性贷款，几乎没有来自政府的资金；试点的参与者希望探索格莱珉银行模式在中国的可行性，这期间，小额信贷几乎直接仿照了孟加拉格莱珉银行模式，此时小额信贷的相关政策法规还没有建立。

1996 年，政府开始介入和积极推动小额信贷。我国政府采用孟加拉格莱珉银行传统小组联保的模式，通过政府财政资金和扶贫贴息贷款两个渠道对非政府组织主导的小额信贷提供资金支持。在此期间，由政府机构和中国农业银行领导的政策性小额信贷扶贫项目随之发展起来。随着国家扶贫政策的推进，政策性小额信贷扶贫项目在一些地区发展起来，如山西、四川、云南、河北、广西、贵州等。

从 2000 年开始，以农村信用社为主体的正规金融机构开始试行并推广小额贷款，中国小额贷款发展开始进入以正规金融机构为导向的发展阶段。农村信用社以存款和中国人民银行的再贷款为主要资金来源，探索面向农户的小额信贷以及农户联保贷款业务，农村信用社逐步成为了推动小额信用贷款业务发展的重要力量。

2005 年 10 月，中国人民银行和银监会会同财政部、农业部、商务部、国务院扶贫办、工商总局等部门先后在山西、四川、贵州、陕西、内蒙古 5 省区开展了由民营资本经营的"只贷不存"商业化小额贷款试点工作，至此，专业性的小额贷款公司开始在中国出现。2005 年 12 月，山西晋源泰小额贷款公司正式成立，是中国第一家挂牌营业的商业性小额贷款公司。截至 2006 年末，5 个试点区域先后成立了 7 家以城乡低收入阶层为服务对象的小额贷款公司，7 家公司的详细资料如表 2-6 所示。

表 2-6 试点阶段 7 家小额贷款公司相关资料

注册地	公司名称	开业时间	注册资本（万元）	贷款政策
山西平遥	晋源泰	2005 年 12 月	1600	三农贷款不得低于 70%
	日升隆	2005 年 12 月	1700	三农贷款不得低于 70%
四川广元	全力	2006 年 4 月	2000	三农贷款不低于 60%
贵州江口	华地	2006 年 8 月	3000	三农贷款不低于 30%，单笔贷款不得超过注册资本的 2%
陕西西安	信昌	2006 年 9 月	2200	由于是典当公司，贷款利率为 18.6%
陕西西安	大洋汇鑫	2006 年 9 月	2100	单户贷款最多不超过资本金的 2%，农业贷款比例不低于 70%
内蒙古	融丰	2006 年 10 月	5000	三农贷款不低于 10%，第六年以后不低于 25%

数据来源：根据公开资料整理。

2008 年 5 月，由中国人民银行和中国银监会出台的《关于小额贷款公司试点的指导意见》。该《指导意见》中定义小额贷款公司是由自然人、企业法人与其他社会组织投资设立，不吸收公众存款，经营小额贷款业务的有限责任公司或股份有限公司。并规定小额贷款公司的主要资金来源为股东缴纳的资本金、捐赠资金，以及来自不超过两个银行业金融机构的融入资金。规定贷款利率由借贷双方在限定范围内自主协商，最高不能超过中国人民银行规定的同期基准利率的 4 倍。小额贷款公司在发展农村金融和中小企业、规范民间借贷以及促进金融市场多元化方面发挥了重要的作用。

此后，小额贷款公司开始进入全面推广阶段，大量的小额贷款公司如雨后春笋在各地迅速发展起来。2010~2015 年我国小额贷款公司发展情况如表 2-7 所示。

表 2-7　2010~2015 年我国小额贷款公司发展情况

年份	机构数量（家）	从业人员数（人）	实收资本（亿元）	贷款余额（亿元）
2010	2614	27884	1780.93	1975.05
2011	4282	47088	3318.66	3914.74
2012	6080	70343	5146.97	5921.38
2013	7839	95136	7133.39	8191.27
2014	8791	109948	8283.06	9420.38
2015	8910	117344	8459.29	9411.51

数据来源：中国人民银行统计数据。

三、村镇银行的发展历程

2006 年 12 月，中国银监会发布了《关于调整放宽农村地区银行业金融机构准入政策更好支持社会主义新农村建设的若干意见》，提出放宽农村银行业金融机构准入新政策，在湖北、四川、吉林等 6 个省（区）的农村地区设立村镇银行试点，村镇银行试点工作从此启动。为做好试点工作，2007 年 1 月 22 日，中国银监会制定了《村镇银行管理暂行规定》（银监发〔2007〕5 号）和《村镇银行组建审批工作指引》（银监发〔2007〕8 号），对村镇银行的性质、法律地位及组建审批工作要点等做出了较为详细的规定。2007 年 3 月，首批试点村镇银行四川仪陇惠民村镇银行、吉林东丰诚信村镇银行、吉林磐石融丰村镇银行正式挂牌开业。2007 年 5 月 17 日，为促进村镇银行合法、稳健运行，把村镇银行真正办成以服务"三农"为宗旨，具有可持续发展能力的农村社区性银行，银监会发布了《关于加强村镇银行监管的意见》，在市场准入监管、资本监管、风险监管、支农服务监管、信息披露监管、持续监管和风险处置等方面做出了详细的规定。2007 年 10 月，在对已成立的 12 家村镇银行进行全面评估后，银监会做出进一步扩大试点范围的决定，将试点省份从 6 个扩大到 31 个。2007 年 12 月 13 日，湖北随州曾都汇丰村镇银行开业，成为我国第一家由外资银行发起的村镇银行。2008 年 8 月 19 日，全国首家由大型商业银行发起成立的村镇银行——汉川农银村镇银行，在湖北省汉川市新河镇开业。2008 年 9 月 12 日，彭州民生村镇银行正式成立并营业，这是国内第一家由全国性股份制商业银行发起的村镇银行。2009 年 6 月银监会发布《小额贷款公司改制设立村镇银行暂行规定》，明确了小额贷款公司改制为村镇银行的准入条件、改制工作的程序和要求、监督管理要求。

2009 年 7 月 23 日，银监会发布了《新型农村金融机构 2009~2011 年总体工作安排》（银监发〔2009〕72 号）（以下称"三年规划"），计划用 3 年时间，在全国设立 1294 家新型农村金融机构，其中重点是村镇银行，计划设立 1027 家，占全部的 79.37%。这些新型农村金融机构，将主要分布在农业占比高于全国平均水平（11.26%）的县域，共 973 家，占计划数的 75.2%；中西部地区 853 家，占计划数的 65.9%；金融机构网点覆盖率低（每万人拥有网点数少于 1.54 个）的县域共 911 家，占计划数的 70.4%，其中包括 175 个零银行业金融机构网点的乡镇；以及国家、省级扶贫开发工作重点县共 423 个贫困县，其中国家扶贫开发工作重点县 246 个，省级扶贫开发工作重点县 177 个，计划设立新型农村金融机构 461 家，占计划数的 35.7%，占全国贫困县总数的 41.8%；全国中小企业活跃县域 300 家，占计划数的 23.2%。①

---

① 中国银监会. 新型农村金融机构 2009~2011 年总体工作安排［R］，2008.

2010 年 4 月银监会下发《关于加快新型农村金融机构有关事宜的通知》，提出对设立新型农村金融机构的数量达到 10 家的金融机构，允许其设立管理总部，管理总部设立地点不受区域限制；对设立 30 家或以上新型农村金融机构的主发起人，将允许探索组建新型农村金融机构控股公司。允许西部除省会城市外的其他地区和中部老、少、边、穷等经济欠发达地区以地（市）为单位组建总分行制的村镇银行。

2010 年 5 月，国务院发布的《关于鼓励和引导民间投资健康发展的若干意见》提出，在金融领域，鼓励民间资本发起或参与设立村镇银行、贷款公司、农村资金互助社等金融机构，放宽村镇银行或社区银行中法人银行最低出资比例的限制。

2011 年银监会发布《关于调整村镇银行组建核准有关事项的通知》，主要内容包括调整组建村镇银行的核准方式，由银监局负责确定主发起行以及村镇银行组建数量和地点调整为银监会负责；完善村镇银行挂钩政策，进一步明确了挂钩地点与次序；另外，对主发起行资质要求、需申报材料及村镇银行审批流程提出了明确要求。银监会希望能通过这种政策的调整，实现规模化、"批量化"设立村镇银行，并达到加快中西部欠发达地区金融发展步伐的目的。

2012 年 5 月 26 日，银监会发布了《关于鼓励和引导民间资本进入银行业的实施意见》，旨在提高民营资本参与村镇银行的积极性，明确民间资本进入银行业与其他资本遵守同等条件，支持民间资本参与村镇银行发起设立或增资扩股。

2014 年 12 月，为贯彻落实党的十八届三中全会有关全面深化改革、发展普惠金融的精神，进一步健全农村金融服务体系，加快推动村镇银行本地化、民营化和专业化发展，加强"三农"和小微企业金融服务工作，中国银监会发布了《关于进一步促进村镇银行健康发展的指导意见》，对进一步培育好村镇银行提出要求：一是加大村镇银行推进力度，重点布局中西部及老少边穷地区、粮食主产区和小微企业聚集区，逐步实现村镇银行县（市）全覆盖。二是在保持主发起行最低持股比例前提下，加大民间资本引进力度，通过提高准入透明度、降低主发起行持股比例、引进新的民间资本等方式，稳步提高民间资本持股比例。三是支持符合条件的商业银行通过认购新股、受让股权和并购重组等方式，规模化、集约化收购其他村镇银行主发起行的全部或部分股权。

随着政策环境的日趋完善，村镇银行数量迅速增加，规模不断扩大，对优化农村金融发展环境，提高农村金融服务水平正在起到越来越大的作用。2007~2015 年我国村镇银行数量如图 2-2 所示[①]。

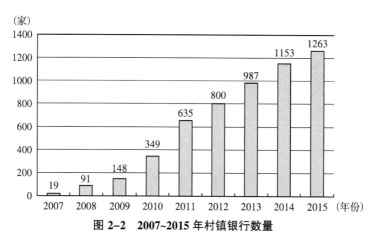

图 2-2 2007~2015 年村镇银行数量

数据来源：根据公开资料整理。

---

① 2014 年之前的数据来源于银监会年报，2015 年数据截至 2015 年 5 月，数据来源于尚福林在国新办发布会上的讲话。

第三节　河北中小金融机构发展现状

一、河北农村信用社（农村商业银行）发展现状

河北是我国农村合作金融的发源地，早在 20 世纪 20 年代，河北香河县创办了中国第一家农村信用社。经过多年来的发展，农村信用社已经在河北取得了显著的成绩：省内网点最多、存款数量最大、支农惠农作用最强，是河北服务农村经济社会发展的主要金融力量。2004 年，河北的农村信用社成为第二批农村信用社改革的试点单位，由此全省农村信用社走上了深化改革的道路。2005 年，省内 157 家市、县级农村信用社联合社通过自愿入股的方式，成立了具有独立法人资格的省级农村金融机构——河北农村信用社联合社，河北农村金融产权制度和管理体制发生了巨大变化，由此河北农村信用社改革在省政府的直接指导和推动下进入了新的快速发展期。2005~2015 年，河北农村信用社（农村商业银行）的机构数、从业人员数和资产总额如表 2-8 所示。

表 2-8　2005~2015 年河北省农村信用社（农村商业银行）发展情况

指标名称	机构数（个）	从业人数（人）	资产总额（亿元）	法人机构数（个）
2005	5024	37063	2517	
2006	5063	37868	2887	
2007	4941	51427	3305	257
2008	4872	49040	4416	196
2009	4791	49614	5118	168
2010	4857	50032	6035	158

指标名称	机构数（个）	从业人数（人）	资产总额（亿元）	法人机构数（个）
2011	4814	50938	6972	158
2012	4610	51906	8252	183
2013	4840	48976	9284	181
2014	4848	47598	10601	181
2015	4876	47915	11507	152

数据来源：Wind 资讯。

截至 2015 年末，河北农商行正式挂牌开业数量达到 25 家，其中 2015 年新增 6 家（南和、武强、怀来、涉县、衡水农商银行、邯郸农商银行）；4 家联社获得监管部门筹建批复（晋州、定州、沙河、临城联社）；13 家县级联社新启动改制组建农商银行工作。截至 2015 年末，全省股份公司正式挂牌开业数量达到 45 家，其中 2015 年新增 13 家（平山、灵寿、赞皇、怀安、阳原、下花园、赤城、定兴、安国、故城、饶阳、枣强、广宗联社）；2 家联社获得银监分局开业批复（蔚县、安平联社）；6 家联社获得河北银监局筹建批复（元氏、宣化、阜平、高阳、景县、武邑联社）；19 家县级联社新启动改制组建股份制信用社工作。

2013~2015 年，河北农村信用社（农业商业银行）的主要经营数据如表 2-9 所示。

表 2-9　2013~2015 年河北省农村信用社（农业商业银行）的主要经营数据

单位：亿元

年份	2015	2014	2013
存款余额	9700.7	8659.2	7616.9
贷款余额	6083.7	5276.8	4684.9
涉农贷款	4939.5	4422.6	3938.7
小微贷款	4597.7	3930.3	3346.9
利润总额	135.4	139.8	99.4

数据来源：河北省农村信用社官方网站。

截至 2015 年底，河北省农信社各项存款余额为 9700.7 亿元，比年初净增 1041.5 亿元，增长率达 12.03%，增速高于全省银行机构平均增速 0.56 个百分点。各项贷款余额 6083.7 亿元，比年初增加 806.6 亿元，比上年同期多增 215 亿元。全省农信社各项存、贷款市场份额分别为 20.39%、19%，继续稳居全省银行业金融机构第一。2015 年全省农信社实现利润总额 135.4 亿元。全省 150 家市、县法人行社全部实现盈余，全年纳税总额 51.6 亿元。截至 2015 年底，全省农信社涉农贷款余额 4939.5 亿元，比年初增加 516.9 亿元，同比多增 26.4 亿元，增速达 11.69%。小微企业贷款余额 4597.7 亿元，比年初增加 667.5 亿元，同比多增 84.1 亿元，增速 16.98%，高于全部贷款增速 1.69 个百分点，实现"三个不低于"监管目标。全年发放扶贫贷款 71.8 亿元，其中环京九县加阜平县全年发放扶贫贷款 47.8 亿元。截至 2015 年底，全省发展"农信村村通"各类助农金融设备 59118 台（其中助农金融服务点 38698 个）。信通卡存量达 4908.7 万张，比年初增加 984 万张。已发展特约商户 82386 户。自助设备布放存量达到 6351 台。互联网渠道开户 654.6 万户，比年初增加 256.7 万户。

当前，河北农村信用社在发展过程中还面临着以下几方面问题：

第一，产权不清晰。农村信用社的社员是本地农民，实际上这些农民很难真正行使其作为社员的权利，农村信用社逐渐演化成为"官办"的金融机构。农民入股往往是为取得贷款，没有"所有者"的意识；信用社内部员工认为国家是农信社的实际管理者和风险承担者，吃大锅饭和官本位的思想比较明显。

第二，公司治理不完善，内部控制机制不健全。尽管县级联社都建立了"三会一层"，但股东参与的积极性较差，对县联社的"三会一层"职能发挥情况缺乏有效的监督，导致县联社决策、执行、监督三项权利不能互相制约。绝大部分联社和信用社没有设立专门的或兼职的监督检查内控制度落实情况的组织机构。缺乏对制度执行情况的考核办法、责任追究等制度措施①。

第三，经营模式单一，可持续性较差。河北农村信用社目前业务经营利润的主要来源仍是存贷款利差，代收代付等中间业务收入占比较少②。随着农村金融市场的竞争越来越激烈，农村信用社经营模式单一的弊端日益凸显。

第四，员工的整体素质有待提高。农村信用社人员结构普遍表现为年龄高学历低，金融专业知识和业务素养较差。一些员工缺乏现代营销知识和金融服务意识，金融风险意识淡薄。

第五，服务"三农"市场定位出现偏离。大量资金用于非农产业，改制后的农村商业银行有向城市商业银行看齐的心态，受外部社会环境影响，追求高端客户和业务，对农村基础金融服务不重视，服务"三农"的基本思想被弱化，如果摒弃服务"三农"的市场定位，那么农村信用社将在金融市场竞争中失去赖以生存的农村金融市场。

第六，行业管理体制不完善。县级联社是独立的企业法人，管理权与监督权是由县级信用社管理层负责落实的，造成管理层既是农村信用社管理者，又是实际经营者，"自己监督自己、自己管理自己"的情况难以避免，很容易造成农村信用社不断出现贪污、挪用等腐败现象，不完善的管理体制是罪魁祸首，这也是农村信用社管理体制中最大的缺陷。省联社的设立，是省政府设置的防范农村信用社金融风险的制度性安排。省联社是

① 李文素. 农村信用社内控工作中存在的问题及建议 [J]. 河北金融，2015 (12).
② 冯建宁. 河北省农村信用社发展战略研究 [D]. 河北大学硕士学位论文，2014.

省政府授权的对信用社进行行政管理职责的机关单位，也是由各个信用社自愿入股并进行工商注册登记的金融企业，其介于市场和政府之间，身份的模糊性造成其职能定位不清，法理关系不明。没有充分发挥市场经济对信用社改革的推动作用，更多的是政府对信用社的行政化管理。也就是说，省联社对基层农村信用社的控制权越强，那么信用社法人治理完善程度则越弱。①

二、河北小额贷款公司发展现状

根据中国人民银行披露的报告数据，2015 年河北小额贷款公司共有 480 家，同比增长 0.21%。2010~2015 年河北小额贷款公司数量复合增长率为 25.86%，如图 2-3 所示。

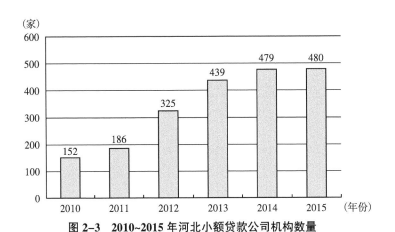

图 2-3 2010~2015 年河北小额贷款公司机构数量

数据来源：中国人民银行统计数据。

---

① 刘哲. 河北省农村信用社改革发展模式探讨［D］. 河北经贸大学硕士学位论文，2016.

2015 年，河北小额贷款公司从业人员数量为 6454 人，同比增长 16.84%。2010~2015 年河北小额贷款公司从业人员数量复合增长率为 30.00%，如图 2-4 所示。

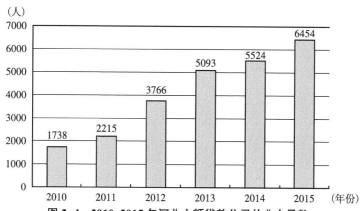

图 2-4 2010~2015 年河北小额贷款公司从业人员数
数据来源：中国人民银行统计数据。

2015 年河北小额贷款公司实收资本为 271.62 亿元，同比增长 0.26%。2010~2015 年河北小额贷款公司实收资本复合增长率为 25.32%，如图 2-5 所示。

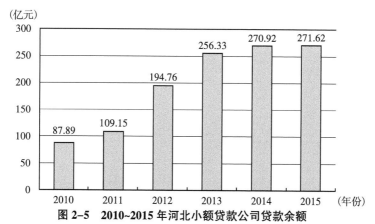

图 2-5 2010~2015 年河北小额贷款公司贷款余额
数据来源：中国人民银行统计数据。

2015 年，河北小额贷款公司贷款余额为 281.47 亿元，同比减少 2.60%。2010~2015 年河北小额贷款公司贷款余额复合增长率为 26.78%，如图 2-6 所示。

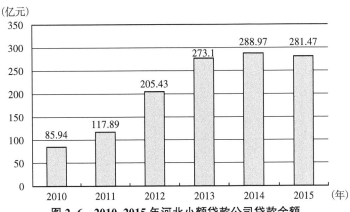

图 2-6　2010~2015 年河北小额贷款公司贷款余额
数据来源：中国人民银行统计数据。

从横向对比看，截至 2015 年末，河北小额贷款公司机构数量 480 家，在全国 31 个省区中排名第 3 位，如表 2-10 所示。

表 2-10　2015 年末全国小额贷款公司分地区情况

地区	机构数量	从业人员数	实收资本（亿元）	贷款余额（亿元）
江苏	636	6253	896.23	1060.75
辽宁	597	6014	384.31	335.49
河北	480	6454	271.62	281.47
安徽	458	5468	376.35	424.75
吉林	442	4113	108.89	78.93
内蒙古	428	4205	303.75	312.65
广东	427	9822	616.92	640.21
云南	390	4655	186.76	189.79
四川	352	7187	585.91	663.22
甘肃	350	3745	147.83	122.96
山东	339	4722	435.41	481.62
浙江	336	3915	660.84	791.63

续表

地区	机构数量	从业人员数	实收资本（亿元）	贷款余额（亿元）
山西	327	4180	205.26	199.07
广西	318	4691	254.6	417.5
河南	316	4759	218.52	228.49
贵州	289	3208	89.04	84.68
湖北	283	4876	328.76	347.28
新疆	278	2655	180.12	198.97
陕西	272	3047	247.31	245.28
黑龙江	261	2448	132.74	120.82
重庆	253	6023	598.4	842.34
江西	220	2859	232.94	263.94
宁夏	160	2101	81.52	77.58
湖南	128	1903	101.22	107.65
上海	121	1812	182.1	217.24
福建	120	1957	264.05	300.3
天津	110	1455	130.07	135.63
北京	85	1189	133.99	134.8
青海	76	875	48.67	48.67
海南	46	638	47.1	51.43
西藏	12	115	8.1	6.38

数据来源：中国人民银行统计数据。

当前，河北小额贷款公司在发展过程中还面临着以下几方面主要问题：

第一，法律地位不明确，主题性质模糊。根据银监会 2008 年《关于小额贷款公司试点的指导意见》，小额贷款公司是"经营小额贷款业务的有限责任公司或股份有限公司"，是从事放贷业务的商业性机构，属于一般的工商企业。小额贷款公司没有金融许可证，不受金融监管机构的监管[①]。

---

① 中国人民银行邢台市中心支行课题组. 小额贷款公司发展中存在的问题及建议——以邢台市为例 [J]. 河北金融，2015（10）.

这种身份的不确定使得小额贷款公司遭遇了种种限制，极大地限制了小额贷款公司的发展。

第二，融资渠道窄，资金来源有限。小额贷款公司的资金来源成为制约小额贷款公司发展的一大瓶颈。小额贷款公司大部分资金都是自有资金，主要以股东后续注资为主[①]。根据 2015 年河北 《关于促进小额贷款公司持续健康发展的意见 （试行）》，小额贷款公司通过向银行借款、股东借款、资产转让、同业调剂等方式的融资规模最高不超过净资产的 200%，小额贷款公司的融资杠杆大大低于其他金融机构。

第三，税赋负担较重。根据相关政策，小额贷款公司属于企业法人，但它却从事小额贷款发放、经营货币，发挥着金融机构的职能，国家针对农村金融机构的种种优惠补贴政策，小额贷款公司都无法享受到。小额贷款公司与工商企业一样按照利息收入缴税，包括企业所得税、营业税及其附加等，而对于同样从事小额贷款业务的农村信用社则享受减半征收营业税的政策。

第四，专业人才缺乏。目前，很多小额贷款公司由于发展缓慢、实力薄弱，难以用高薪吸引专业经营管理人员，即使吸引来但由于发展状况也难以长期留住人才。有银行从业经历的专业人才对小额贷款公司的可持续发展存在担忧[②]。

三、河北村镇银行发展现状

2012~2015 年河北村镇银行发展情况如表 2-11 所示。根据河北银监局

[①] 张天琪，李杨. 我国小额贷款公司发展现状、存在问题及对策 [J]. 中国商论，2016 (8).
[②] 李淑鸿. 小额贷款公司发展存在的问题及对策 [J]. 财经界，2015 (23).

提供的数据，截至 2015 年 6 月 30 日，全省村镇银行资产总额 2299322.20 万元，实收资本 353400.00 万元，存款余额 1600696.77 万元，贷款余额 1325406.08 万元，贷款户数 19725 户。

表 2-11 2012~2015 年河北村镇银行发展情况

年份	机构数	从业人数	资产总额（亿元）	法人机构数
2012	2	653	81	24
2013	61	1275	125	45
2014	105	2101	193	62
2015	153	2471	269	68

数据来源：Wind 资讯。

表 2-12 河北村镇银行名录

序号	名称	主发起行	注册资本（万元）	成立时间	分支机构（支行）数
1	廊坊开发区融商村镇银行股份有限公司	沧州农村商业银行	5000	2016 年 12 月	0
2	保定清苑区邢农商村镇银行股份有限公司	河北邢台农村商业银行	5000	2016.1	0
3	康保银丰村镇银行股份有限公司	张家口市商业银行	2000	2012.6	1
4	沧县吉银村镇银行股份有限公司	吉林银行	5000	2011.12	5
5	保定满城区利丰村镇银行股份有限公司	河南伊川农商银行	5000	2015.11	0
6	涞水利丰村镇银行有限公司	河南伊川农商银行	5000	2015.12	0
7	孟村回族自治县融信村镇银行股份有限公司	沧州农村商业银行			
8	沧州市运河青隆村镇银行股份有限公司	山东青州农村商业银行	6000	2013.10	2
9	涞水利丰村镇银行有限公司	河南伊川农村商业银行	5000	2015.12	0
10	涿鹿利丰村镇银行股份有限公司	河南伊川农村商业银行	5000	2015.4	0
11	鹿泉恒升村镇银行股份有限公司	浙江温州瓯海农村合作银行	5000	2014.1	1
12	藁城恒升村镇银行股份有限公司	浙江温州瓯海农村合作银行	5000	2014.2	2
13	行唐利丰村镇银行有限公司	河南伊川农商银行	3000	2015.1	0
14	深泽利丰村镇银行有限公司	河南伊川农商银行	3000	2014.12	0

续表

序号	名称	主发起行	注册资本（万元）	成立时间	分支机构（支行）数
15	深州丰源村镇银行股份有限公司	延边农村商业银行	5000	2014.11	1
16	大城舜丰村镇银行股份有限公司	山东诸城农商银行	5000	2014.11	1
17	霸州舜丰村镇银行股份有限公司	山东诸城农商银行	5000	2014.10	1
18	任丘村镇银行股份有限公司	山东寿光农村商业银行	10000	2011.12	3
19	廊坊市广阳舜丰村镇银行股份有限公司	山东诸城农商银行	10000	2014.9	1
20	献县融和村镇银行股份有限公司	江门农村商业银行	10000	2014.7	0
21	乐亭舜丰村镇银行股份有限公司	山东诸城农商银行	5000	2014.7	2
22	唐山市丰南舜丰村镇银行股份有限公司	山东诸城农商银行	5000	2014.7	2
23	遵化融和村镇银行股份有限公司	江门农村商业银行	10000	2014.7	1
24	澳洲联邦银行（成安）村镇银行有限责任公司	澳洲联邦银行	4000	2014.6	0
25	澳洲联邦银行（涉县）村镇银行有限责任公司	澳洲联邦银行	6000	2014.6	0
26	澳洲联邦银行（邯郸县）村镇银行有限责任公司	澳洲联邦银行	6000	2014.6	1
27	澳洲联邦银行（魏县）村镇银行有限责任公司	澳洲联邦银行	5000	2014.6	0
28	澳洲联邦银行（栾城）村镇银行有限责任公司	澳洲联邦银行	6000	2014.6	0
29	大厂回族自治县新华村镇银行股份有限公司	马鞍山农村商业银行	5000	2014.4	0
30	晋州恒升村镇银行股份有限公司	浙江温州瓯海农村合作银行	5000	2014.3	2
31	三河蒙银村镇银行股份有限公司	内蒙古银行	8000	2011.9	3
32	正定恒升村镇银行股份有限公司	浙江温州瓯海农村合作银行	5000	2014.1	1
33	安平惠民村镇银行股份有限公司	吉林九台农村商业银行	3000	2013.12	2
34	滦南中成村镇银行股份有限公司	成都农商银行	8000	2013.12	0
35	沧州海兴新华村镇银行股份有限公司	马鞍山农村商业银行	5000	2013.12	0
36	沧州盐山新华村镇银行股份有限公司	马鞍山农村商业银行	5000	2013.12	0
37	滦县中成村镇银行股份有限公司	成都农商银行	8000	2013.12	0
38	宣化中成村镇银行股份有限公司	成都农商银行	5000	2013.11	0

续表

序号	名称	主发起行	注册资本（万元）	成立时间	分支机构（支行）数
39	高碑店中成村镇银行股份有限公司	成都农商银行	10000	2013.11	0
40	曲阳中成村镇银行股份有限公司	成都农商银行	5000	2013.11	0
41	安国中成村镇银行股份有限公司	成都农商银行	5000	2013.11	0
42	定州中成村镇银行股份有限公司	成都农商银行	10000	2013.11	0
43	望都中成村镇银行股份有限公司	成都农商银行	5000	2013.11	0
44	涿州中成村镇银行股份有限公司	成都农商银行	10000	2013.11	0
45	澳洲联邦银行（磁县）村镇银行有限公司	澳洲联邦银行	3200	2013.5	0
46	澳洲联邦银行（永年）村镇银行有限公司	澳洲联邦银行	4000	2013.5	0
47	澳洲联邦银行（辛集）村镇银行有限公司	澳洲联邦银行	5000	2013.5	0
48	东光青隆村镇银行股份有限公司	山东青州农村商业银行	6000	2013.10	2
49	青县青隆村镇银行股份有限公司	山东青州农村商业银行	6000	2013.10	3
50	张北信达村镇银行股份有限公司	张家口市商业银行	3500	2008.6	2
51	黄骅青隆村镇银行股份有限公司	山东青州农村商业银行	10000	2013.6	2
52	蔚县银泰村镇银行股份有限公司	张家口市商业银行	5500	2010.9	5
53	河间融惠村镇银行有限公司	哈尔滨银行	5000	2012.6	1
54	永清吉银村镇银行股份有限公司	吉林银行	5000	2012.2	1
55	文安县惠民村镇银行股份有限公司	吉林九台农村商业银行	3000	2011.12	4
56	唐山市开平汇金村镇银行股份有限公司	张家口市商业银行	10000	2011.12	2
57	廊坊市安次区惠民村镇银行股份有限公司	吉林九台农村商业银行	10000	2011.12	4
58	宁晋民生村镇银行股份有限公司	中国民生银行	4000	2011.11	1
59	沙河襄通村镇银行股份有限公司	邢台银行	5000	2011.11	2
60	武安村镇银行股份有限公司	邯郸银行	5000	2011.12	3
61	元氏信融村镇银行股份有限公司	衡水市商业银行	4000	2011.9	5
62	唐县汇泽村镇银行有限公司	内蒙古鄂尔多斯银行	5000	2011.6	1
63	迁安襄隆村镇银行股份有限公司	邢台银行	10000	2011.3	2
64	围场满族蒙古族自治县华商村镇银行股份有限公司	承德银行	10118.4	2011.3	9

序号	名称	主发起行	注册资本（万元）	成立时间	分支机构（支行）数
65	滦平盛阳村镇银行股份有限公司	廊坊银行	5830.4	2011.1	3
66	平山西柏坡冀银村镇银行有限责任公司	河北银行	5000	2010.12	1
67	河北丰宁建信村镇银行有限公司	中国建设银行	3000	2010.7	0
68	香河益民村镇银行股份有限公司	廊坊银行	6000	2010.8	4
69	清河金农村镇银行股份有限公司	邢台银行	4000	2010.6	1

数据来源：根据公开披露数据整理。

截至 2016 年 3 月，河北共成立村镇银行 69 家，具体如表 2-12 所示。共有 26 家银行作为主发起行在河北发起设立村镇银行，其中设立村镇银行较多的有：成都农商银行 9 家，澳洲联邦银行 8 家，河南伊川农商银行 6 家，山东诸城农商银行 5 家，山东青州农商银行、张家口商业银行和温州瓯海农村合作银行各 4 家，吉林九台农商银行、马鞍山农商银行、邢台银行各 3 家，吉林银行、廊坊银行、江门农商银行和沧州农商银行各 2 家，承德银行、哈尔滨银行、邯郸银行、河北银行、邢台农商银行、衡水银行、内蒙古银行、鄂尔多斯银行、延边农商银行、寿光农商银行、建设银行、民生银行各 1 家。从发起行性质来看，由农村商业银行发起设立的村镇银行最多，为 41 家，由城市商业银行发起设立的村镇银行 18 家，由外资行发起设立 8 家，大型国有商业银行和全国性股份制银行发起设立各 1 家。从发起行地域分布来看，主发起行为省外银行的村镇银行为 53 家，省内 16 家。

当前，河北村镇银行发展过程中存在以下几个方面的主要问题：

第一，股权结构不合理，公司治理不规范。由于制度上要求村镇银行的最大股东必须是银行业金融机构，非银行股东在村镇银行的发言权不足，导致村镇银行名为独立法人却缺乏独立性和自主性。一些村镇银行存在发起行对村镇银行的直接控制和干预的问题。

第二，市场定位和发展战略不合理。在思想认识上，部分村镇银行尚未真正认识到自身定位的客观性和必要性，扎根县城，服务"三农"和小微的意识还不牢固①。在市场定位上，部分村镇银行尚未认识到农村金融市场对村镇银行发展的基础性作用，导致部分村镇银行徒有"村镇"之名，却没有扎根村镇发展业务。

第三，内控制度不健全，抗风险能力弱。部分村镇银行没有建立起一套与其业务发展、经营规模相适应的内部控制制度，有的只是简单复制发起行的内部控制制度，与其经营管理实际不相适应②。

第四，运行成本高，吸储较为困难。村镇银行开办时间短、网点少，普通百姓对这类新兴的金融机构还比较陌生，村镇银行社会公信力不及当地的信用社和邮政储蓄银行③。村镇银行规模较小，分支机构较少，固定费用在村镇银行总成本中占比较高。

第五，基础金融服务能力不足。部分村镇银行没有加入银联、大小额支付系统、支票影像系统等跨行支付交易系统，不能满足客户通存通兑需要。不少村镇银行电子银行功能欠缺，不能办理银行卡业务、代收费业务。有些村镇银行尚未接入征信系统。

第六，人力资源欠缺。由于农村地区的落后条件，高素质金融人才不愿意到县城甚至乡镇发展，这使得村镇银行在员工招聘时不得不降低标准，村镇银行的人力资源水平与其他商业银行有较大差距。

---

① 刘永威等.我国村镇银行面临的困境、对策及其未来发展［J］.北方金融，2016（3）.
② 康微婧.中国村镇银行可持续发展存在的问题与对策［J］.河北工程大学学报（社会科学版），2015（4）.
③ 周海燕，陈渝.村镇银行发展现状与对策分析［J］.人民论坛，2016（1）.

第三章
河北区域与农村金融创新能力

第一节　概　述

一、区域金融创新能力的研究意义

近年来，伴随我国的国际竞争力不断增强，整个金融行业特别是金融创新相较过去有了长足的发展。事实证明，金融业的发展状况和创新能力，与一个国家或地区的总体经济发展水平、发展阶段密切相关，它也是宏观经济发展状况的"缩影"，中国金融业的不断发展已经成为关系到中国经济能否进一步健康可持续增长的一大课题。另外，由于我国地区发展不平衡、不同地区之间的金融创新能力也存在较大差距，而它们在很大程度上决定着未来各个地区之间区域竞争力的此消彼长。传统金融理论偏重于宏观金融学和微观金融学的研究，作为"中观金融理论"研究范畴的区域金融创新能力研究相对较为薄弱。正确、客观地评价和研究我国区域金融创新能力水平，对促进我国金融业发展、激励区域金融创新和推进金融改革具有深远意义。

区域金融创新能力是一个内涵较为丰富的概念，它既涉及金融业自身发展，也包括相关领域的经济状况与改革创新水平。一个国家或地区的金融创新能力，体现的是包括或受其影响的经济、科技、文化、人才等要素在内的金融业整体实力。创新能力强，意味着具备更强的生存能力和可持续发展能力，而伴随着区域金融创新对区域发展的巨大影响，针对区域金融创新能力进行研究的重要性不言而喻。

二、理论回顾

(一) 区域金融发展与创新研究

1. 国外研究

在相关发达国家，区域金融发展与创新一直是一个备受关注的热门研究领域。目前，国外学者对于区域金融创新的研究主要集中于以下四个角度：

一是货币经济学的区域效应研究，例如 Scott（1955）从公开市场操作角度研究货币政策的区域影响，Fishkind（1977）和 Miller（1978）从区域角度研究了货币主义模型[①]，Dow（1982）、Moore（1985）针对区域差别研究了不同区域的货币乘数变化[②]。

二是对区域金融发展差异的影响研究，Peter（1992）通过构建区域货币供给模型对美国不同区域进行调查，研究其真正的区域货币供给情况。这一假设检验并验证了美国确实存在着区域金融市场划分，也证明

---

① Fishkind. The Regional Impact of Monetary Policy: An Economic Simulation Study of Indiana [J]. Journal of Regional Science, 1977, 17 (12): 17-18.

② Sheila DOW. Regional Finance: A Survey Regional Studies [J]. 1997, 31 (9): 903-920.

了金融政策应从地方一级考虑，形成包括区域货币和区域信贷在内的区域货币策略[1]。

三是区域金融创新效应研究，学者们大多从金融发展角度对区域金融创新效应进行研究，即如何为客户提供优质金融服务和创新金融产品上。

例如，T. H. Hannan（1984）和 J. M. McDowell（1987）研究 ATM 的分布，用其替代区域内金融机构密集程度和发展水平[2]，P. Molyneux 和 N. Shamroukh（1996）研究票据发行便利（NIF）的普遍适用性，从金融工具创新角度进行研究[3]，Sullivan（2000），Furst、Lang 和 Nolle（2002）等研究网上银行服务[4]。学者们普遍认为金融创新是经济增长的重要引擎，Merton（1992）通过研究美国票据融资市场对社会经济的影响，证实了金融创新对社会福利的重大作用[5]。

四是区域金融创新与金融风险关系研究，Ynan（2005）在深入探讨了金融创新和金融环境稳定性的关系后发现，在较为平稳的经济环境下，金融创新对经济增长的促进作用更为显著，而在波动较为剧烈的经济环境下，金融创新的经济促进效果较弱，金融风险较大[6]，Suleyman Basak 和 Benjamin Croitoru（2004）认为区域金融创新能力与区域内企业规模及性质

① Peter V. Bias. Regional Financial Segmentation in the United States [J]. Journal of Regional Science, 1992, 3 (32): 321-334.

② Hanuon T. H., McDowell J. M. Market Concentration and Diffusion of New Technology in the Banking Industry [J]. Review of Economics and Statistics, 1984, 11 (2): 78-93.

③ Molyneux P. and N. Shamroukh. Diffusion of Financial Innovations [J]. Journal of Money, 1996, 28 (3): 502-522.

④ Furst, Karen, William Lang and Daniel. Internet Banking Developments and Prospects [J]. Office of the Comptroller of the Currency Working Paper, 2000, 9 (31): 231-243.

⑤ Miller, Merton. Financial Innovation, Achievements and Prospects [J]. Journal of Applied Corporate Finance, 1992, 4 (2): 4-12.

⑥ Dynan Karen E. Can Financial Innovation Help to Explain the Reduced Volatility of Economic Activity [C]. Finance and Economics Discussion Series, Federal Reserve Board, 2005: 323-354.

有关。通过分析 1990～2002 年区域金融创新的来源发现，区域内的小企业、利润较少的企业、杠杆率较低的企业较同行有更多的创新行为，这类企业也更容易引进金融创新产品，并且能更迅速地应对各类风险①。

2. 国内研究

近年来，伴随着中国经济的快速发展，特别是区域经济金融发展不平衡问题的出现与日益严重，国内学者逐步认识到了金融市场的区域性特征，并结合国内情况进行了深入研究。国内学者对区域金融创新的研究早期集中在对区域金融及其创新的基础理论（如概念、意义等）研究。陈章喜（1994）指出，我国金融市场应按照各经济区域的金融水平与社会总体经济水平不平衡的特点，形成区域性金融市场，一方面能够充分利用区域内的优势资源满足特定金融需求，另一方面可以基于区域当前金融发展水平，构建公平、合理的金融市场运行规则，保证区域金融的稳定持续发展。由此，开始了对区域金融及区域金融创新的研究②。张军洲（1995）给出了区域金融的概念，是指不同金融结构、层次空间和金融活动的多重组合分布，形成的各具特点的金融区域。不同的金融区域存在地理环境、金融结构、经济水平等差异，这些构成了区域金融的重要特征③。张本照（2005）最先对区域金融创新进行了界定，他认为，区域金融创新存在辐射效应，通过金融中心创新成果的扩散，最终形成整个区域金融资源的重新优化配置④。刘仁伍（2007）在对金融发展构架进行深入研究后，在金融结构领域做出了重要理论拓展⑤。田霖（2009）对金融研究中的地域差

---

① Suleyman Basaka, Benjamin Croitoru. International Good Market Segmentation and Financial Innovation [J]. Journal of International Economics, 2007, 71 (1): 267–293.
② 陈章喜. 宏观金融的分层调控与区域性金融市场 [J]. 暨南大学学报, 1994, 1 (1).
③ 张军洲. 中国的金融中心问题研究 [J]. 金融与经济, 1996, 1 (5).
④ 张本照, 孙悦. 论区域金融创新与区域金融风险控制 [J]. 现代管理科学, 2005, 2 (11).
⑤ 刘仁伍. 以金融创新加强区域金融互动 [J]. 中国金融, 2007, 14 (2).

异提出重视，深入探讨了金融中心及其域内金融要素流动的关系[1]。汪来喜（2009）认为，区域金融创新包含区域金融与金融创新两个方面的含义[2]。而蒋瑞波（2012）则指出，区域金融创新是将金融地理学融入金融创新，二者互为补充和完善，而不是金融创新和区域这两个概念的简单叠加[3]。

伴随区域金融研究的不断深入，我国学者们的关注点也更多地聚集到区域金融创新的效应上，从正向促进和反向风险两方面研究其对金融、经济的相关影响、作用机制。而针对区域金融创新效应的研究，则主要集中在区域金融协调发展、区域金融与经济发展、区域金融风险等方面。由于我国经济发展在不同经济区域之间差距日趋拉大，区域金融与经济协调发展逐渐成为我国学者区域金融研究的主题。学者们在探索中不断加深理解，认识到区域金融创新绝不是区域金融与金融创新的简单叠加。唐旭（1995）在研究经济增长影响因素的基础上，得出了区域经济与货币流动性呈正相关的结论[4]。喻平（2000）认为，基于金融业对资源配置效率和资料生产效率的重要作用，金融创新对经济的影响同样重大[5]。殷得生和肖顺喜（2002）通过对我国东部和西部金融发展水平进行实证对比研究，证实了当时中国体制改革过程中不同区域间金融差异的存在，并提出了相应建议缩小区域差异[6]。诸葛秀山（2007）指出，金融创新通过货币影响产业投资速度和方向，改善投融资环境，进而促进经济的良性增长[7]。针对区域金融创新中的金融风险层出不穷，学者们也对区域金融风险问题进

① 田霖.金融地理学视角：城乡金融地域系统的演变与耦合 [J].区域金融，2009，4 (6).
② 汪来喜.基于区域金融创新激励的河南金融发展研究 [J].决策探索，2009，1 (10).
③ 蒋瑞波，蒋岳祥.区域金融创新与区域经济发展的实证研究 [J].浙江学刊，2012，5 (3).
④ 唐旭.资金流动与区域经济发展 [J].金融研究，1995，2 (8).
⑤ 喻平.金融创新与金融深化 [J].金融理论与实践，2000，3 (6).
⑥ 殷德生.我国金融组织空间结构 [J].当代财经，2000，8 (18).
⑦ 诸葛秀山.金融创新推动经济增长——基于中国的实证分析 [J].江苏大学学报，2008，11 (1).

行了深入的研究。何德旭（2008）则更加着重指出金融创新可能造成的金融风险不容忽视。

（二）区域创新能力研究

1. 区域创新能力的概念

1992 年，Cooke 首次提出区域创新系统的概念，并将其作为国家创新系统的重要内容来研究。Cooke（2001）指出，通过企业与大学科研机构以及企业之间的互动，结合区域资源、社会资本和文化等要素，形成特定的区域创新能力，其核心内涵是"一个国家或地区进行资源要素有效配置、提高经济增长质量（发展绩效）的能力"[①]。剑桥学者 Porter、Stern（1999）认为一个区域的创新能力由生产一系列相关创新产品的潜力确定。其中最重要的衡量因素是 R&D 存量，无论是企业 R&D 还是政府 R&D，都能资助新技术、发明、设计和创新生产方式，从而影响创新能力的 R&D 边际产出。

1996 年，国内首次出现了"区域创新能力"这个词语。中国科技发展战略研究小组（2001）认为，区域创新能力是将知识转化为新产品、新工艺、新服务的能力。它由知识创新能力、知识流动能力、企业的技术创新能力、创新的环境和创新的经济效益构成[②]；黄鲁成（2000）认为，区域创新能力是以区域内技术能力为基础的，实施产品创新和工艺创新的能力[③]；罗守贵（2000）提出创新贯穿于社会发展的始终，而创新能力应该是在创新过程中，在充分利用现代信息与通信技术基础上，不断将知识、技术、

[①] Cooke P., Hans-Joachim Braczyk Hj. Regional Innovation System: The Role of Government in the Globalized World [M]. UCL Press, 1996.
[②] 中国科技发展战略研究小组. 2002 年中国区域创新能力评价. 科学学与科学技术管理. 2003, (4).
[③] 黄鲁成. 关于区域创新系统研究内容的探讨 [J]. 科研管理, 2000 (3).

信息等要素纳入社会生产过程中所具有的一种能力，对于一个地区而言，创新能力是对该地区知识和技术发展状况的综合反映[1]；刘凤朝（2005）等认为，区域自主创新能力是依靠自身的力量实现科技突破，支撑经济发展并能对科技发展产生重大影响的本领和能量，包含资源能力、载体能力、环境能力、成果能力和品牌能力五个因素[2]。章蒋安（2013）认为，在影响金融创新水平的指标中，技术能力与创新环境两大指标具有相当重要的作用，提升人力资源水平（尤其是培养高素质或能力的金融人才），提高金融行业的技术水平，规范金融市场的环境等最为关键[3]。

2. 区域创新能力评价指标体系研究

进入 21 世纪以来，特别是最近几年来，越来越多的学者开始着手区域创新能力的定量研究。最初学者们从单一因素出发研究分析区域创新能力，Michael Fritsch、Viktor Slavtchev（2007）基于知识角度研究了大学与区域创新之间的关系，研究发现学术水平和集中度是影响区域创新的重要因素[4]；Feldman（1994）利用创新区位商来分析美国各州的创新能力的差异[5]。陈劲、陈钰芬等（2007）分析了外商直接投资（FDI）对提高我国区域创新能力的影响，研究表明，FDI 对提高自主创新能力和增强原创性的科技能力无显著影响，因而对提高区域创新能力的影响不显著[6]；王山河（2008）利用创新区位商比较分析了 2000 年和 2005 年中国省际之间区域

① 罗守贵，甄峰. 区域创新能力评价研究 [J]. 南京经济学院学报，2000（3）.

② 刘凤朝，潘雄锋，施定国. 基于集对分析法的区域自主创新能力评价研究 [J]. 中国软科学，2005（11）.

③ 章蒋安，基于主成分分析法的金融创新水平评价——以赣南等原中央苏区 14 县（市）为例 [J]. 江西社会科学，2013（12）.

④ Michael Fritsch，Viktor Slavtchev. Universities and Innovation in Spa [J]. Industry and Innovation，2007，14（2）：201–218.

⑤ Feldman M. P. The Geography of Innovation [M]. London：Kluwer Academic Publishers，1994：52–69.

⑥ 陈劲，陈钰芬，余芳珍. FDI 对促进我国区域创新能力的影响 [J]. 科研管理，2007，28（1）.

创新能力的差异①。

随着对创新能力研究的深入，国外有关研究机构和政府陆续推出了许多创新评价指标体系，以克服单一指标评价的缺陷。其中，以美国国家创新能力指数、OECD 的"科学、技术和产业计分表"、欧盟的创新记分牌为人们所广泛关注和引用。国家创新能力指数（美国）由公共创新基础设施、特定企业群的创新环境、联系的质量、关于政策等的评价项目 4 个一级指标、10 个二级指标组成；科学、技术和产业计分表（OECD）由知识对经济发展影响、知识对经济全球化和科技国际化影响、知识对经济增长与国际竞争力影响 3 个一级指标、29 个二级指标构成；创新计分牌（欧盟）从创新驱动、知识创造、技术应用、知识产权等五方面，构建了 25 个具体指标，自 2000 年以来，欧盟对其 25 个成员国以及美国和日本进行创新能力评价，根据评价结果，一般将欧盟成员国分为四类：领先国家、中间国家、追赶国家、落后国家。

世界经济论坛的《全球竞争力报告》中指标体系是技术指数，其构成是：A. 创新能力，主要由专利授权数、高等教育入学率等综合而成。B. 信息与通信技术扩散指数，主要由互联网、电话和 PC 使用数量等构成。C. 技术转移，由工业品的出口和调查数据构成。在该评价体系中，依据获得的专利数量将所评价的国家分为核心国家和非核心国家。对这两类国家分别采用不同的评价指标，评价核心国家采用 A 类和 B 类两类指标评价。对非核心国家采用 A、B 和 C 类指标评价，但各指标的权重是不同的。其理论依据为：发达国家主导的区域创新能力评价指标体系以市场经济、完善的法律体系为隐含条件，在创新过程中强调企业的核心作用，而这些条件在

---

① 王山河. 中国区域创新能力的省际差异研究 [J]. 统计与决策，2008（17）.

发展中国家是不具备的。

联合国开发署《人类发展报告》中的技术成就指数由 4 个方面构成：①由专利、技术许可收入构成的技术创造指数；②由互联网用户、中高技术的出口构成的新技术扩散指数；③由电话和用电消耗量构成的老技术的扩散指数；④由入学年数和大学教育中科学专业的比例构成的人类技能指数。瑞士洛桑国际管理开发学院发表的《国际竞争力报告》从国内经济、国际化程度、政府管理、金融、基础设施、管理、科学技术、国民素质八个方面进行分析，其中，评价科技竞争力的指标有研究开发支出、研究开发人员、技术管理、科学环境、知识产权，2001 年起又把原有的科技竞争力分解为技术基础设施、科学基础设施两项。

哈佛大学 M. Porter 教授和 MIT 的 S. Stern 教授联合主持的美国《创新指标》研究项目，认为国家创新能力取决于创新基础设施的强度、支持创新集群的环境条件以及两者互动联系的强度。其中，创新基础设施包括在研究开发中的人力资源、投资于研究开发的财力资源、对国际投资的开放度、知识产权的保护水平、教育投资水平和人均国民生产总值；支持创新集群相关的环境条件有产业研究开发投资的强度、基础设施和产业集群；两者互动联系的强度可用大学研究开发的水平来衡量。

国内评价区域创新能力的文献绝大多数都采用多因素分析的方法，可以归纳如下：一类是基于横截面数据的静态评价，即应用建立的指标体系只对单一时间层面（1 年）的区域创新能力进行评价。罗守贵、甄峰（2000）将区域创新能力分解为六个准则，即区域综合实力、教育资源与潜力、科技资源与潜力、企业创新实力、信息条件、区域政策与管理水平，确定了 52 项参评因子，构建了一套评估区域能力的指标体系，对江苏省 13 个城市创新能力进行了定量评价和分析[1];复海钧(2001)在《中国高新区发展之路》中构建了以创新能力、经济实力、社会贡献、区位条件和国际化为准则层的区域创新系统评价指标体系,其中创新能力包括科技园区制度建设等 7 个指标,这为后来学者构建科技园区创新能力评价指标体系提供了依据[2];朱海就(2004)认为区域创新能力是由网络的创新能力(包括网络密集度、网络绩效)、企业的创新能力(包括创新投入、创新产出)和创新环境(包括创新环境的投入指标、创新环境的产出指标)三个部分组成的,所构建的区域创新能力评价体系有 45 项指标[3];刘凤朝(2005)等将区域创新能力划分为资源能力、载体能力、环境能力、成果能力、品牌能力,建立区域自主创新能力评价体系,对我国八大区域进行分析[4];任胜钢(2007)将区域创新能力划分为创新主体与创新环境,创新主体又由大学与科研机构创新能力、企业创新能力、主体间联系 3 个二级指标、15 个三级指标构成,创新环境由基础设施、需求状况、金融环境、劳动力素质、开放性与集聚性这 5 个二级指标、13 个三级指标构成;另一类是基于面板数据的动态评价,即应用所建立的指标体系对某一时间段的区域创新能力进行评价[5]。丁美霞、周民良(2008)从创新投入能力、创新产出能力、创新配置能力和创新环境四个领域构建了区域创新能力评价指标体系,采用鉴别力分析法和主成分分析法对各指标进行筛选,比较分析了 2001 年与 2005 年我国各省市的区域创新能力,及各省市区域创新

① 罗守贵,甄峰. 区域创新能力评价研究 [J]. 南京经济学院学报,2000(3).
② 复海钧. 中国高新区发展之路 [M]. 北京:中信出版社,2001.
③ 朱海就. 区域创新能力评估的指标体系研究 [J]. 科研管理,2004(5).
④ 刘凤朝,潘雄锋,施定国. 基于集对分析法的区域自主创新能力评价研究 [J]. 中国软科学 2005(11).
⑤ 任胜钢,陈凤梅. 国内外区域创新系统的发展模式研究 [J]. 研究与发展管理. 2007,19(5).

能力变动的影响因素[①]；以柳卸林等为代表的中国科技发展战略研究小组，提出区域创新能力主要由知识创造能力、知识流动能力、技术创新能力、创新的环境和创新的经济绩效 5 个方面的要素构成，自 2001 年起开始对中国区域创新能力进行持续深入的分析，并于每年出版发行《中国区域创新能力报告》，对 31 个省市区域创新能力进行量化比较，发现中国区域创新能力从东部沿海地区向西部内陆地区由高到低呈梯次分布、创新能力各要素在不同地区的分布不均衡；杜鹏程、孔德玲（2009）对泛长三角（苏浙皖沪）地区 2007 年和 2008 年的区域创新能力进行比较，并提出提升区域创新能力的对策建议[②]；万广华、范蓓蕾、陆铭（2010）研究了 1995~2006 年我国各省市区域创新能力不平等现象[③]。

3. 区域金融创新能力评价研究

相比较区域创新能力研究，目前我国关于区域金融创新能力的评价研究还处于起步阶段，对评价指标体系的研究相对有限。金雪军（2004）在总结介绍西方金融地理学的主要内容、发展脉络的基础上，对金融地理学和区域金融学作了比较分析，展望金融地理学的发展前景，并对我国区域金融成长差异问题进行专题研究[④]。武巍等（2005）重点研究了我国金融服务网络的空间格局、货币流地域差异、金融排除以及带来的相关社会问题。这些是区域金融创新在理论上的研究，其中金融地理区分的思想值得借鉴[⑤]。喻平和李敏（2007）通过可操作、定量化的方法构造了金融创新

① 丁美霞，周民良.中国各省区创新能力的动态趋势与影响因素分析 [J].经济学家，2008 (1).
② 杜鹏程，孔德玲.泛长三角区域创新能力比较与创新体系构建 [J].安徽大学学报 (哲学社会科学版)，2007, 33 (5).
③ 万广华，范蓓蕾，陆铭.解析中国创新能力的不平等：基于回归的分解方法 [J].世界经济，2010 (2).
④ 金雪军，田霖.金融地理学：国外地理学科研究新动向 [J].经济地理，2004, 24 (6).
⑤ 武巍，刘卫东，刘毅.西方金融地理学研究进展及其启示 [J].地理科学进展，2005 (7).

能力的指标体系，从技术先进指标、市场成长指标、管理能力指标和投入产出指标四个方面提出了具体测算金融创新能力的公式，但是缺乏数据的实证[1]。陈晶莹（2008）从金融创新主体、中介服务体系、金融创新资源和管理体系四个方面构建了一个较完善的金融创新评价体系，但这也是一个理论上的指标评价，没有数据的量化支撑。我国的区域经济发展不平衡，讨论金融业的发展，评价金融创新能力，必须从地区化的差别入手才能因地制宜[2]。朱尔茜（2013）结合金融地理学和金融创新两个要素，采用经济基础、金融业总体情况和主要金融行业发展情况的相关数据，运用因子分析的方法测算我国 31 个省市自治区的区域金融创新能力。结果显示，仅有 13 个省份的综合得分高于平均水平，即它们的金融创新能力较强，而其他 18 个省份的金融创新能力较弱[3]。

总结以上学者们的成果可知，国内外对区域发展与创新及区域创新能力研究都已经形成较为成熟的完整体系，而对于区域金融创新能力研究则还处在探索阶段。我们认为，区域金融创新能力是指在宏观及微观主体、媒介、资源、政策等的综合作用下，使该地域范围内的资源有效配置，形成金融工具、制度、管理创新成果的金融业总体实力。区域金融创新能力具体可以包含输入和输出两方面的能力，即区域内创新主体资源投入的能力和区域内金融机构创新成果产出能力两方面。区域金融创新能力的主体包括国家和地区层面的政府及银行、证券、保险等重点金融机构，也包括区域整体的投融资基本情况；区域金融创新能力的客体则包括金融产品、服务、工具和制度上的创新，具体可体现在金融机构存贷款量、保险深度

---

① 喻平，李敏. 金融创新能力的评价研究 [J]. 当代经济管理，2007 (3).
② 陈晶莹. 区域金融创新体系研究 [J]. 改革与战略，2008 (11).
③ 朱尔茜. 基于因子分析的中国区域金融创新能力评价 [J]. 武汉大学学报（哲学社会科学版），2013 (3).

和保险密度等指标。不同区域金融创新能力对比时，需从动态的角度分析各区域主客体经济与金融发展状况，从而最大程度上反映出区域的金融创新能力。

第二节　河北区域金融创新能力实证分析

一、评价指标体系的构建原则

根据系统论的思想，区域金融创新能力评价指标体系可以被逐层分解，依次构建目标层分为一级指标层和二级指标层，以作为综合评价区域金融创新水平的依据，区域金融创新能力评价指标体系设计应遵循四个基本原则：

一是系统性原则。区域金融创新能力由各个子系统综合集成的，各个能力系统必须采取一些相应指标才能反映出来，这要求所建立的评价指标体系具有足够的涵盖面，能够充分反映区域自主创新能力系统性特征。同时，系统不是指标的简单堆积，为了清晰而便于评价，应该按某些原则合理地将评价指标分为目标层与指标层等若干层次，评价指标体系要能够反映充分的信息量，并由若干个指标构成一个指标群，反映区域创新能力某一个层面的实质内容；若干个相互独立的指标群综合成一个完整的评价指标体系，测度和评价区域自主创新能力的整体水平。在进行指标体系设计时，要尽可能完整、全面、系统地揭示区域金融创新能力的全貌，防止以偏概全。

二是科学性原则。区域金融创新能力以综合评价为主,指标体系应反映区域金融创新能力的内涵,突出金融对经济的先导作用,反映区域金融创新能力促进经济社会发展的趋势。选择指标时,要尽可能突出指标的综合性功能,多用分析评价指标,少用描述性指标。区域自主创新能力是一个动态的积累过程,它对整个社会经济影响的滞后性及其他因素的影响,不易在较短的时间内取得其真实值,因此在选择评价指标时,既要有测度区域自主创新活动结果的现实指标,又要有反映区域自主创新活动过程的过程指标,能综合反映区域自主创新能力发展的现状和未来趋势。

三是可比性原则。选择含义明确、口径一致的评价指标,采用相对合理的核算和综合方法是建立动态可比和横向可比评价系统的基础,以保证评价的合理性、公正性和客观性。必须明确评价指标体系中每个指标的含义、统计口径、时间、地点和适用范围,以确保评价结果能够进行横向与纵向比较,以便更好地了解和把握不同区域(或者同一区域在不同发展阶段)自主创新能力的实际水平和变化趋势。由于区域的各种因素及外部环境总是处于不断的发展变化之中,导致区域金融创新能力的内涵与结构也会不断发生变化,因此其评价指标也不能保持长期不变,应根据区域所处的发展阶段的不同对评价指标进行相应的调整。

四是可操作性原则。在进行指标体系设计时,要尽可能利用可以量化的指标和实际可得的资料,以保证评价的可操作性。由于条件的限制,目前还不可能做到建立完全理想的评价指标体系,只能做到以可操作性为原则,在现有的基础上构建尽可能合理的评价指标体系。可操作性的原则具体包括三方面的内容:①数据资料的可获得性,数据资料尽可能通过 Wind 数据库或查阅全国性和区域统计年鉴和各种专业年鉴获得;②数据资料可量化,定量指标数据要保证其真实、可靠和有效,定性指标和经验指标应尽量少用；③评价指标不能过多，应尽可能简化。

二、区域自主创新能力评价指标研究

指标体系设计

由于区域经济与金融发展情况是区域金融创新的基础，因此本章将区域金融创新指标体系分为两个层次，分别为区域经济发展环境层次、区域金融发展水平层次两个方面，具体指标包括：

1. 区域经济发展环境指标

（1）GDP。对于一个省份而言，国内生产总值（GDP＝Gross Domestic Product）是指其境内所有常驻单位在一定时期内生产的所有最终产品和劳务的市场价值。GDP 是国民经济核算的核心指标，也是衡量一个地区总体经济状况的重要指标。

（2）地方公共财政收入：合计。地方财政收入是指地方财政年度收入，包括地方本级收入、中央税收返还和转移支付。它是衡量地方财政实力的重要经济指标。

（3）地方公共财政支出：合计。地方财政支出是地方政权为行使其职能，对筹集的财政资金进行有计划的分配使用的总称。地方财政总支出主要包括基本建设支出、农林水利气象等部门事业费、文教科学卫生事业费、抚恤和社会救济费、行政管理费等支出，它也是衡量地方财政实力的重要指标。

（4）社会消费品零售总额。社会消费品零售总额（Total Retail Sales of Consumer Goods）是指批发和零售业、住宿和餐饮业以及其他行业直接售给城乡居民和社会集团的消费品零售额。其中，对居民的消费品零售额是指售予城乡居民用于生活消费的商品金额；对社会集团的消费品零售额是指售给机关、社会团体、部队、学校、企事业单位、居委会或村委会等，公款购买的用作非生产、非经营使用与公共消费的商品金额。社会消费品零售总额的大小也是地方经济实力的反映。

2. 区域金融发展水平指标

（1）本外币：各项存款余额。本外币：各项存款余额是指一个区域人民币与外币的存款总数。金融机构本外币各项存款余额，反映一个区域对资金的吸附能力，也反映了区域的综合经济实力。

（2）本外币：各项贷款余额。本外币：各项贷款余额是指一个区域人民币与外币的贷款总数。金融机构本外币各项贷款余额反映了一个区域利用资金的情况，它也是区域综合经济实力的反映。

（3）社会年度融资规模。社会融资规模是指一定时期内实体经济从金融体系获得的全部资金总额。它是全面反映金融与经济关系，以及金融对实体经济资金支持的总量指标。

（4）保费收入合计。保费收入是保险公司为履行保险合同规定的义务而向投保人收取的对价收入。保费收入是保险公司最主要的资金流入渠道，同时也是保险人履行保险责任最主要的资金来源。

（5）保险密度。保险密度是指按当地人口计算的人均保险费额。保险密度反映了该地国民参加保险的程度，一国国民经济和保险业的发展水平。

（6）保险深度。保险深度是指某地保费收入占该地国内生产总值（GDP）之比，反映了该地保险业在整个国民经济中的地位。保险深度取决于一国经济总体发展水平和保险业的发展速度。

（7）当年国内股票（A 股）筹资。本指标反映了一个区域当年在 A 股市场上的融资总额，它反映了区域利用国内股票市场获得资金的能力。

（8）当年国内债券筹资总额。本指标反映了一个区域当年在债券市场上的融资总额，反映了区域利用债券市场获得资金的能力。

（9）上交所与深交所交易总额。本指标包括了所在区域在上交所与深交所的股票、债券、基金、国债现货与回购的交易总额。

（10）银行承兑汇票承兑余额。本指标反映的是一个区域银行承兑汇票的累计贴现金额，反映了一个区域票据市场的活跃承兑。

表 3-1　区域金融创新能力评价指标体系

	具体指标	单位
区域经济 发展环境指标	GDP	亿元
	地方公共财政收入：合计	亿元
	地方公共财政支出：合计	亿元
	社会消费品零售总额	亿元
区域金融 发展水平指标	本外币：各项存款余额	亿元
	本外币：各项贷款余额	亿元
	社会年度融资规模	亿元
	保费收入合计	亿元
	保险密度	元/人
	保险深度	％
	当年国内股票（A 股）筹资总额	亿元
	当年国内债券筹资总额	亿元
	上交所与深交所交易总额	亿元
	银行承兑汇票承兑余额	亿元

如表 3-1 所示，在所有指标中，有些指标属于同类指标，具有较强的相关性，因此运用因子分析法将这些指标进一步归纳为几个潜在因子评价地区金融创新能力的方法有很多，因子分析法总体较好，因为它可以尽可能地去除指标之间的相关性对评价结果的影响，保证各因子对最终结果的作用独立。根据 Wind 数据库相关资料计算 2015 年以上各指标，并运用 SPSS 17 软件进行因子分析，采用主成分分析法提取公因子，得出相关系数矩阵的特征值、贡献率、累计贡献率、因子载荷举证等，最终得到综合评价值并排序。

三、基于因子分析法的区域金融创新能力评价

（一）因子分析前的相关检验

本部分首先对实现了全部正向化的指标数据进行标准化处理，然后进行指标之间的相关性判定。相关性判断采用的指标包括 KMO（Kaiser–Meyer–OlkinMeasure of Sampling Adequacy）样本测度和巴特莱特球体检验（Bartlett Test of Sphericity），结果如表 3–2 所示，KMO 值介于 0.5~1.0，样本数据适合做因子分析。表 3–2 中，KMO 值为 0.833，表明可以做因子分析。Barlett's 球体检验是通过转换为 χ^2 检验来完成对变量之间是否相互独立进行检验，若该统计量取值较大，因子分析是适用的。表 3–2 中 Barlett's 球体检验的渐进 χ^2 值为 827.038，相应的显著性小于 0.001，为高度显著，这表明样本数据适合做因子分析。

表 3–2　KMO 与 Barlett's 球体检验

取样足够数量的 KMO 检验		0.833
Bartlett 球体检验	近似卡方	827.038
	自由度	91
	显著性水平	0.000

（二）区域金融创新能力评价实证分析

用 SPSS 统计分析软件，对 31 个省区的 14 个绩效评价指标做因子分析。选取 2 个公共因子，得到总方差解释数据如表 3–3 所示。

表 3–3　总方差解释

成分	初始特征值			提取平和载入			旋转平和载入		
	合计	方差比	累计（%）	合计	方差比	累计（%）	合计	方差比	累计（%）
1	10.280	73.432	73.432	10.280	73.432	73.432	7.558	53.985	53.985
2	2.038	14.554	87.985	2.038	14.554	87.985	4.760	34.000	87.985
3	0.664	4.740	92.726						

续表

成分	初始特征值			提取平和载入			旋转平和载入		
	合计	方差比	累计（%）	合计	方差比	累计（%）	合计	方差比	累计（%）
4	0.451	3.222	95.947						
5	0.232	1.658	97.606						
6	0.142	1.011	98.617						
7	0.060	0.426	99.042						
8	0.050	0.358	99.400						
9	0.032	0.229	99.630						
10	0.021	0.149	99.779						
11	0.015	0.105	99.883						
12	0.008	0.060	99.943						
13	0.006	0.046	99.988						
14	0.002	0.012	100.00						

　　从表 3-3 的统计分析结果看，运用直角转抽法（Varimax）后的第一公共因子的方差贡献率为 53.985%，第二公共因子的方差贡献率为 34%，前两个因子累计方差贡献率为 87.985%，即两个因子解释了总方差的 87.985%，包含了所选指标中的大部分信息。所以只需提取出两个因子即可。因子分析的碎石图如图 3-1 所示。

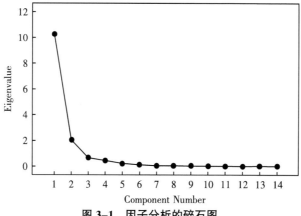

图 3-1　因子分析的碎石图

　　综合以上分析，将各项指标标准化后的原始数据建立变量的相关系数矩阵 R 的特征值及贡献率（见表 3-3）。根据表 3-3，变量的相关系数矩阵可以选择 2 个大于 1 的特征根：10.280 和 2.038，它们一起解释了标准方差的 87.985%（累计贡献率）。这样，对于此项研究的绝大部分要求，前 2 个成分反映了原始数据所提供的足够信息。同时，基于过程内特征根大于 1 的原则，主因子分析过程相应提取 2 个主成分量 F1、F2。选择前 2 个因子已经足够描述区域金融创新。提取这 2 个公因子之后可以计算的共同度，如表 3-4 所示。表 3-4 的共同因子方差表示每个变量被解释的方差量，从中可以看出多数指标的方差估计量都超过 0.8，只有当年国内债券筹资额低于 0.7。

表 3-4　共同因子方差

	Initial	Extraction
当年国内股票（A 股）筹资	1.000	0.852
GDP	1.000	0.985
保费收入合计	1.000	0.945
保险密度	1.000	0.911
保险深度	1.000	0.709
本外币：各项存款余额	1.000	0.975
本外币：各项贷款余额	1.000	0.964
地方公共财政收入：合计	1.000	0.958
地方公共财政支出：合计	1.000	0.901
上效所与深交所交易总额	1.000	0.748
社会年度融资规模	1.000	0.953
社会消费品零售总额	1.000	0.959
银行承兑汇票承兑余额	1.000	0.854
当年国内债券筹资总额	1.000	0.604

　　各因素的初始因子载荷和旋转后的因子载荷如表 3-5 和表 3-6 所示。

表 3-5　初始因子载荷阵

	Component	
	1	2
当年国内股票（A 股）筹资	0.816	0.431
GDP	0.891	−0.436
保费收入合计	0.958	−0.166
保险密度	0.670	0.680
保险深度	0.474	0.696
本外币：各项存款余额	0.979	0.126
本外币：各项贷款余额	0.976	−0.102
地方公共财政收入：合计	0.969	−0.139
地方公共财政支出：合计	0.890	−0.332
上交所与深交所交易总额	0.801	0.327
社会年度融资规模	0.973	0.076
社会消费品零售总额	0.889	−0.412
银行承兑汇票承兑余额	0.822	−0.422
当年国内债券筹资总额	0.730	0.266

Extraction Method：Principal Component Analysis.

a 2 components extracted.

表 3-6　方差最大正交旋转后的因子载荷阵

	Component	
	1	2
当年国内股票（A 股）筹资	0.420	0.822
GDP	0.980	0.156
保费收入合计	0.879	0.414
保险密度	0.157	0.942
保险深度	−0.012	0.842
本外币：各项存款余额	0.729	0.666
本外币：各项贷款余额	0.858	0.477
地方公共财政收入：合计	0.872	0.443
地方公共财政支出：合计	0.919	0.240
上交所与深交所交易总额	0.467	0.727
社会年度融资规模	0.753	0.621
社会消费品零售总额	0.964	0.174
银行承兑汇票承兑余额	0.915	0.127
当年国内债券筹资总额	0.445	0.637

Rotation Method：Varimax with Kaiser Normalization.

a Rotation converged in 3 iterations.

通过旋转后的因子载荷矩阵，可以将原来的 14 个绩效指标在剔除两个贡献度不明显的因子（本外币各项存款余额、社会融资规模）后归入 2 个公因子。第一个公因子包含 GDP（0.980）、保费收入合计（0.879）、本外币各项贷款余额（0.858）、地方公共财政收入合计（0.872），地方公共财政支出合计（0.919）、社会消费品零售总额（0.964）和银行承兑汇票承兑余额（0.915）共 7 个指标，这类指标反映的是区域综合经济实力的指标，它们也是区域金融创新的经济基础，所以第一个公因子称为基于区域经济角度的金融创新因子；第二个公因子包括国内股票（A 股）筹资总额（0.822）、保险密度（0.942）、保险深度（0.842）、上交所与深交所交易总额（0.727）和当年国内债券筹资总额（0.637）。

我们认为，这类指标反映的是基于区域金融角度的金融创新因素，所以第二个公因子称为基于区域金融角度的金融创新因子四个公因子命名及其与单个绩效指标的关系如表 3-7 所示。

表 3-7　公因子命名

公因子	高载荷指标及其载荷值		因子命名
第一（F_1）	GDP（X_2）	0.980	基于区域经济角度的金融创新因子
	保费收入合计（X_3）	0.879	
	本外币各项贷款余额（X_7）	0.858	
	地方公共财政收入合计（X_8）	0.872	
	地方公共财政支出合计（X_9）	0.919	
	社会消费品零售总额（X_{12}）	0.964	
	银行承兑汇票承兑余额（X_{13}）	0.915	
第二（F_2）	国内股票（A 股）筹资总额（X_1）	0.822	基于区域金融角度的金融创新因子
	保险密度（X_4）	0.942	
	保险深度（X_5）	0.842	
	上交所与深交所交易总额（X_{10}）	0.727	
	当年国内债券筹资总额（X_{14}）	0.637	

两个公因子的因子得分系数如表 3-8 所示。据此可以计算出不同省市的 2 个公因子得分。以各因子的方差贡献率占 2 个因子总方差贡献率的比例作为权重进行加权，可以得出各省市的综合得分 F[①]，即：

表 3-8　因子得分系数矩阵

	Component	
	1	2
当年国内股票（A 股）筹资	−0.057	0.219
GDP	0.194	−0.125
保费收入合计	0.123	−0.013
保险密度	−0.139	0.311
保险深度	−0.159	0.306
本外币：各项存款余额	0.042	0.105
本外币：各项贷款余额	0.107	0.014
地方公共财政收入：合计	0.116	−0.001
地方公共财政支出：合计	0.164	−0.084
上交所与深交所交易总额	−0.028	0.176
社会年度融资规模	0.056	0.085
社会消费品零售总额	0.187	−0.116
银行承兑汇票承兑余额	0.185	−0.124
当年国内债券筹资总额	−0.017	0.148

Extraction Method: Principal Component Analysis.
Rotation Method: Varimax with Kaiser Normalization.
Component Scores.

$$F_1 = (-0.057)X_1 + 0.194X_2 + 0.123X_3 + (-0.139)X_4 + (-0.159)X_5 + 0.042X_6 +$$
$$0.107X_7 + 0.116X_8 + 0.164X_9 + (-0.028)X_{10} + 0.056X_{11} + 0.187X_{12} +$$
$$0.185X_{13} + (-0.017)X_{14}$$

$$F_2 = 0.219X_1 + (-0.125)X_2 + (-0.013)X_3 + 0.311X_4 + 0.306X_5 + 0.105X_6 +$$
$$0.014X_7 + (-0.001)X_8 + (-0.084)X_9 + 0.176X_{10} + 0.085X_{11} +$$
$$(-0.116)X_{12} + (-0.124)X_{13} + 0.148X_{14}$$

① 根据表 3-3 数据。

$$F = (53.985\%F_1 + 34.000\%F_2)/87.985\%$$

31 个省区的 2 个公因子得分及综合得分与排名如表 3-9 所示。

表 3-9 各地区区域金融创新能力主成分得分和综合得分

省、市、自治区	基于区域经济角度的金融创新因子	排名	基于区域金融角度的金融创新因子	排名	综合	排名
广东	2.67517	2	0.84658	3	1.968549	1
江苏	2.67985	1	−0.02266	10	1.63552	2
北京	−0.67714	24	4.35808	1	1.268618	3
山东	2.10154	3	−0.53214	26	1.083808	4
浙江	1.28588	4	0.22011	5	0.874035	5
上海	−0.1498	13	2.30544	2	0.798977	6
四川	0.50091	6	0.04432	8	0.32447	7
河南	0.68273	5	−0.46895	23	0.237687	8
河北	0.31391	8	−0.21241	15	0.110524	9
辽宁	0.18613	10	−0.02702	11	0.103763	10
湖北	0.42368	7	−0.60803	27	0.024997	11
福建	−0.03646	12	0.10747	7	0.019159	12
湖南	0.1906	9	−0.51081	24	−0.08045	13
安徽	0.00756	11	−0.28527	19	−0.1056	14
天津	−0.18463	14	−0.21819	16	−0.1976	15
陕西	−0.29552	18	−0.08846	14	−0.21551	16
重庆	−0.27605	17	−0.22145	17	−0.25495	17
山西	−0.69836	25	0.40289	4	−0.2728	18
江西	−0.26964	16	−0.41811	21	−0.32701	19
云南	−0.33919	20	−0.43891	22	−0.37772	20
内蒙古	−0.30884	19	−0.52046	25	−0.39062	21
黑龙江	−0.6221	23	−0.08233	13	−0.41352	22
广西	−0.23375	15	−0.75629	30	−0.43567	23
吉林	−0.5538	22	−0.33099	20	−0.4677	24
新疆	−0.93334	29	0.19038	6	−0.4991	25
贵州	−0.38874	21	−0.68491	28	−0.50319	26
甘肃	−0.87097	26	−0.08135	12	−0.56584	27
海南	−1.08707	30	−0.2802	18	−0.77527	28
宁夏	−1.3156	31	0.01079	9	−0.80304	29
青海	−0.92307	28	−0.73064	29	−0.84871	30
西藏	−0.88392	27	−0.96647	31	−0.91582	31

表 3-9 中地区的因子得分与综合得分清楚地显示了各地区金融创新能力的差别，正值代表地区创新能力高于平均水平，负值则表示低于平均水平。分值越高说明金融创新能力越强。结果显示，在 31 个省、市、自治区中，仅有 12 个省份的综合得分高于平均水平，即它们的金融创新能力较强，而其他 19 个省份的金融创新能力较弱。各地区根据其综合得分可进行分组比较（见表 3-10），以上因子分析的结果进一步证实了我国区域金融创新能力发展不均的现状。从结果分析可知，我国区域金融创新能力较强的地区均为如广东、江苏等经济发达地区。而河北则属于区域金融创新能力中等偏上的第二区域，从具体数据分析，河北所在的第二区域各省在综合得分方面与第一区域各省市差距较大，而与第三区域多数省份差距较小，这说明河北相比其他金融创新能力较低的省市的优势并不明显。另外，河北在基于区域经济角度的金融创新因子方面的排名为第 8，而在基于区域金融角度的金融创新因子仅排名第 15，这说明河北目前综合得分排名全国第 9 主要靠的是较高的经济基础（如 GDP 公共财政收支等）的支持，而在金融业方面，如证券融资与交易及保险密度和深度方面则相对较为落后，这成为未来影响河北区域金融创新能力的重要原因。

表 3-10　区域金融创新能力分组比较

第一区域	较强（大于 0.5）	广东、江苏、北京、山东、浙江、上海
第二区域	中等偏上（0~0.5）	四川、河南、河北、辽宁、湖北、福建
第三区域	中等偏下（-0.5~0）	湖南、安徽、天津、陕西、重庆、山西、江西、云南、内蒙古、黑龙江、广西、吉林、新疆
第四区域	较弱（小于-0.5）	贵州、甘肃、海南、宁夏、青海、西藏

四、河北金融创新能力影响因素分析

一个地区的金融创新能力取决于本地区的经济基础、金融活跃程度等多方面因素，本部分内容以河北为研究对象，通过分析河北相应的经济、金融指标从而揭示影响河北金融创新能力及其在全国各省市排名中所处位次的主要因素。在以下的研究中，我们首先分析河北各项经济及金融指标在全国位次的意义，然后分析其对河北金融竞争力造成的影响，最后提出相应的对策建议。

(一) 河北经济及金融指标的分析

1. 经济基础较好，但可持续增长动力不足

通过对 GDP、财政收支等经济指标的分析，可以发现，河北经济存在的主要问题是经济基础虽然尚可，但由于经济增长质量不佳，未来经济及财政状况都面临较大困难，从而对金融创新构成了一种制约。

如图 3-2 所示，从 GDP 的角度分析，2015 年河北的 GDP 达到 29806.1 亿元，排名全国第 7 位，虽然从全国的角度还处于较为领先的位置，但从经济增长质量的角度分析，河北的经济增长存在增长方式落后及部分行业产能严重过剩等问题，如在河北产业结构中，第二产业的贡献率明显高于全国平均水平，且河北第二产业中钢铁、水泥、玻璃等高耗能、高污染行业又占有很大比重，因而严重制约了河北经济增长的可持续性，具体表现是 2016 年以来，河北经济增长受制于钢铁等产业的增长减缓而出现增长速度下降，GDP 在全国的位次也相应出现下降趋势。与 GDP 类似，2015 年河北社会消费品零售总额实现 12934.7 亿元，虽然比 2014 年增长 9.4%，但近几年其增速持续下降，甚至出现被 GDP 排名在河北之后的湖北所超越的状况。

与之相对应，如图 3-3 所示，河北社会年度融资规模及银行承兑汇票承兑余额分别达到与河北经济总量在全国的位次大体一致。

2015 年，河北地方财政公共收入达到 2648.5 亿元，排名全国第 11 位，

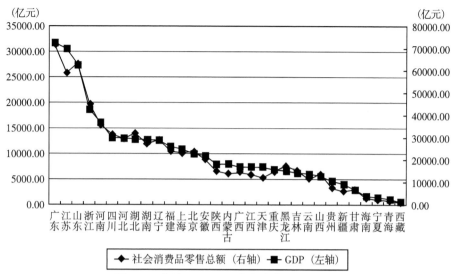

图 3-2　各地区 GDP 及社会消费品零售总额

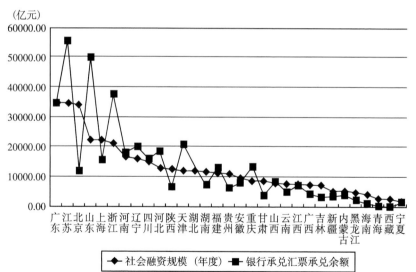

图 3-3　各地区社会年度融资规模及银行承兑汇票承兑余额

不及 GDP 在全国的排名位次（见图 3-4），这说明河北的经济增长对财政收入的贡献不高，经济增长质量不佳。在财政支出方面，河北 2015 年度财政支出达到 5675.3 亿元，远高于当年财政收入，因而在当年造成较高的财政赤字问题，未来伴随经济增长速度的进一步下降，财政收入存在下降趋势，而为了保增长，如果财政支出保持稳定则会加剧财政困难，这在未来将进一步制约河北财政支持经济的力度，但也会为金融创新支持地方经济发展提供更为广阔的空间。

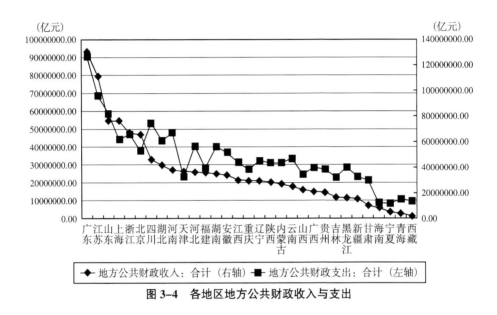

图 3-4　各地区地方公共财政收入与支出

2. 传统金融业总量尚可，但发展质量不高

如图 3-5、图 3-6 所示，河北金融机构 2015 年吸收存款和发放贷款总额分别达到 4.8927 亿元和 3.2608 亿元，存款总额与保险行业保费收入均位居全国第 8，与河北经济总量在全国的位置相称，这说明在全省经济基础尚可的情况下，目前河北传统金融保险行业总量上在全国的位次能够保持较为靠前，传统的银行贷款、保险等金融工具对于地方经济增长有较高的贡献。但从保险密度的角度分析，河北的保险密度仅达到 1570.8 元/人，在全国位次较为靠后。保险密度代表了人均保险费额，它反映了该地国民参加保险的程度，是区域保险业发展水平的集中反映。保险密度的落后从一个侧面反映了河北金融保险业发展质量不高、发展环境相对滞后等问题，这也成为制约河北金融创新的发展能力的重要因素。

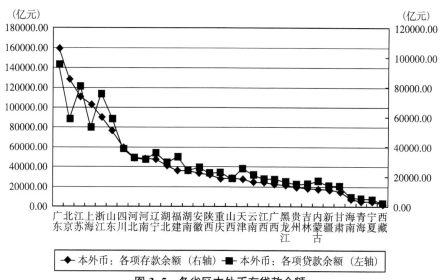

图 3-5　各省区本外币存贷款余额

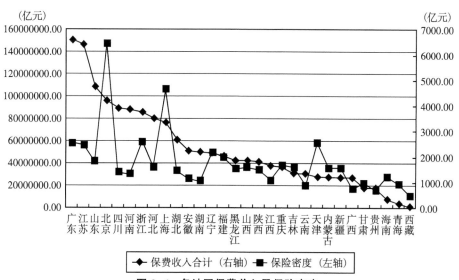

图 3-6　各地区保费收入及保险密度

2015 年，河北当年国内股票（A 股）筹资额和当年债券筹资总额分别达到 204.7 亿元和 516.5 亿元，如图 3-7 所示，两个指标不仅远低于银行贷款总额，从其在全国的位次也可以发现，河北当年股票筹资额仅居全国第 16 名，而债券筹资排名更为靠后，这说明在金融发展方面，河北利用全国资本市场的股票、债券等新型金融工具的融资能力较弱，与河北经济总量在全国的位次并不相称。这也反映了当前河北金融创新不足，经济增长仍主要依赖于传统的银行贷款类金融工具。

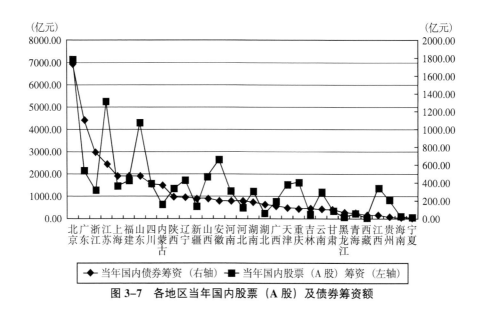

图 3-7　各地区当年国内股票（A 股）及债券筹资额

与之相类似，根据图 3-8，包括了河北各类企事业单位及政府在上交所与深交所的股票、债券、基金、国债现货与回购的交易总额，在全国仅排名第 15 位，这也从一个侧面说明了河北整体金融创新的滞后。

（二）政策建议

以上分析表明，河北虽然经济及传统金融总量尚可，但金融创新存在严重滞后的问题，为此，我们提出如下几点政策建议。

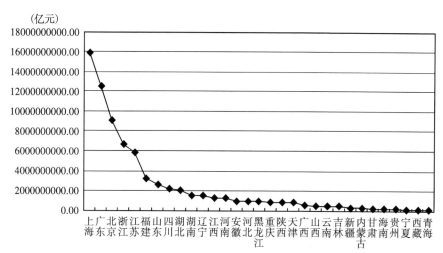

（亿元）

图 3-8 各地区上交所与深交所当年交易总额

1. 深化金融创新的理念，加大创新型金融人才培养力度

虽然河北属于沿海省份，但从近年来的经济表现分析，从上到下，从政府到企业，在经济发展中普遍存在较为保守的心态，面对全球金融竞争加剧的大趋势，金融创新能力将决定一个地区未来的经济走向。为此，我们认为，提供河北的金融创新能力首先要做的工作是深化全省从上到下的金融创新理念。以金融机构为例，从动机的角度分析，获取利益最大化是金融创新一个重要驱动因素，而为了实现可持续发展，就要求确立金融机构深化金融创新的理念，提升自身的核心竞争力。在金融竞争不断加剧的背景下，金融机构不能仅仅是跟风式的简单模仿，而是要在做好研究工作的基础上，通过客观深入的市场调研，对各种信息进行充分的研究与利用，最终完成金融创新。地区金融创新能力的提升有赖于大量金融人才提供的智力支持，为此，河北应加大高层次、高素质金融人才的培养与引进力度。

2. 加快微观金融主体的改革步伐，营造良好的金融创新微观环境

河北应顺应全国经济体制与金融体制改革的大环境，加快金融经营体

制与金融制度的改革,努力实现真正意义上的银企分开与政企分开。只有金融机构成为自我经营、自我约束、自负盈亏以及自我发展的真正市场经营主体,建立起真正意义上的法人治理与内部控制机制,才能使得企业的内部激励与约束机制发挥应有的作用,企业的经营效果才能真正影响机构经营者的自身利益,这样,经营者才会把实现机构利润最大化作为经营的主要目标,也只有这样才能从根本上真正解决金融机构创新与发展动力不足的问题。所以,要尽快完善金融行业的现代企业制度改革,使得金融行业成为符合现代企业制度的市场竞争主体。目前,可以做到的是加快发展非国有金融体系的建设,如大力发展股份制商业银行、地方性中小金融机构,完善合作金融体系,不断提高非国有金融机构在整个金融组织体系中的比重,缩减国有制对金融组织体系的垄断,从而营造良好的金融创新微观环境。

3. 充分利用创新型金融工具

前文分析可知,河北在利用创新型金融工具方面相较发达地区有较大的不足,为此,建议河北出台政策,支持相关企业积极参与各类创新型金融工具,推进全省创新型投融资大环境的形成。以衍生金融工具为例,从全球角度看,期货、期权等金融衍生工具都是金融创新不可或缺,但与此同时,衍生工具的不断创新也会使得金融风险随之增加。这样一来,需要在参与金融衍生工具的同时,也需要妥善处理好与风险控制的关系,尽可能做到既促进金融创新,又能最大限度地控制金融风险。

第三节　河北农村金融创新能力评价

前面我们对河北整体金融创新能力在全国的相对位置进行了实证分析，接下来我们将集中分析河北农村区域金融创新能力。

一、文献简要回顾

现有的对金融创新指标不同的专家学者各自的研究角度不同，因此对金融创新的反映程度也不相同。当前，金融创新度和金融相关率曾被广泛应用，国外有些文献应用 R&D 指标，还有的研究仅从量的指标反映金融发展的数量差异，由于单一指标反映的不全面性，因此代表性也低。

喻平等（2007）综合了宏观、微观两种角度对金融创新进行评价，在宏观层面选取金融创新贡献度、新金融工具替代率等指标，在微观层面选取技术进步性、市场成长性、组织管理能力等几个方面进行了分析，然后他用专家打分法给予各个指标赋权重，但是其权重赋值方法存在着一定的主观性。毛克（2009）运用因子分析法从技术能力、管理能力、市场成长、创新环境四个方面、22 个指标结合金融业专家问卷调查的方式进行研究。赵喜仓（2007）运用格兰杰因果检验的计量分析方法，利用金融创新度、货币化率、金融相关率三个指标解释金融创新程度，虽然没有涉及农村金融领域，但研究思路与方法有借鉴价值。蒋瑞波等（2012）则运用 DEA 两阶段模型，剔除环境变量的影响，研究比较我国各地区的金融创新效率，分别从投入、产出和环境因素等方面选择指标。

在农村金融创新指标方面，先前的学者采用的方法和研究的角度各不相同，在指标设计上也存在着较大差异。喻平等的方法虽然能够比较全面地反映创新情况，但实际操作中很多指标的数据取得存在着较大困难，尤其是涉及的微观数据更难获得。而 DEA 效率的研究角度是考虑投入产出比的情况，能够消除环境变量的干扰，但在研究金融与经济两者之间的关系方面并不合适。因子分析法等统计学方法在指标设计上有较好启示，本部分将汲取各家长处，建立数据可得、方法适用的指标，对河北农村金融创新情况进行分析。

二、农村金融创新指标的内涵及测定

为研究农村金融创新与农村经济发展的关系，本部分根据已有的相关理论和文献，结合相关的计量模型以及数据的可量化与可操作性，选择以下指标对河北农村金融的创新程度、农村资本投入量、农村劳动投入量和河北农村经济的发展情况进行量化分析。

（一）农村贷款转化率

随着经济的不断发展和科学技术的不断进步，原来的农村经济发展也由劳动密集型逐渐地在向资本密集型转变。近年来，农村固定资产投资对农村经济的影响越来越重要，扩大农村固定资产投资是提高农业生产能力的重要手段。新古典经济模型中就很强调资本对经济的影响。传统的经济中，经济的发展很大程度上依靠的是资本缓慢的积累。现代经济，金融之所以能够对经济发挥重要的作用是由于金融能够突破原始的基本积累过程，透过融资手段迅速得到生产所必需的投资。因此，我们在研究金融对经济影响问题时，综合研究金融创新对农村资本投入的影响进而研究农村金融创新对农村经济增长的影响。

农村金融的创新不仅能够改变资金的运作方式而且还能够改变资金的使用方向。之所以会选择这一角度研究农村金融创新，是因为当农村金融不断创新时，农村金融机构对农村经济增长的贡献将会不单单是短期的资金贷出那么简单。伴随着农村金融创新，大型农用器械的融资租赁、大型农用工具的贷款按揭等金融形势不断出现。这些都直接影响农村贷款对农村农户固定资产投资的转化率。对于农村金融创新，我们没有办法从各项业务的具体数值来衡量，因此我们选择农村贷款转化率这一指标。农村金融创新程度越高，农村贷款将会以越多的形式转化为农业固定资产投入，越有利于农村经济的发展。

指标计算方式为：农村贷款总额与农村农户固定资产投资之比。

（二）农村金融结构指标

前面我们已经介绍了金融创新是将经济范围内的各种金融资源和要素重新整合，然后创造出一种效率更高的金融资源的分配方式，从而提高地区内的金融竞争力，为地区经济更好地发展创造更好的条件。简单说来，金融创新是通过金融手段对现有的资源进行的重新配置。因此我们考虑金融资源如何从农村经济中重新分配。农村经济的发展特别需要各项资源的支持，现代农业和农村经济的发展需要大量的资金支持。现代农村经济的发展对机械化与科学技术应用的依赖越来越大，然而无论是机械化进程的推进还是农业科技的进步都离不开资金的支持，农村经济在全社会经济中究竟能够得到多大程度的资金支持是关乎农村经济发展的重要因素。农村金融创新程度高，那么农村或者农业经济的发展就能够得到更多的资金支持。因此，我们选取农村贷款额占全社会贷款总额的比重这一指标衡量农村金融创新程度。

（三）农村金融效率指标

农村金融创新的程度，一方面可以从农村贷款额占全社会贷款总额的比重来反映，另一方面可以用农村金融效率来衡量。农村金融效率指标（Fe）用农村贷款总额与农村金融机构的固定资产总量之比来表示。

三、农村金融创新水平综合指标

基于以上农村金融创新的三方面指标，通过对不同的指标赋予不同的权重，综合三个指标得到一个能够衡量农村金融创新总体水平的综合指标来。

一般的对统计指标赋权重的方法是采用统计平均数法。首先选择该领域专家对各项指标重要性打分，然后根据专家对各项指标所赋予的相对重要性系数分别求平均值，得到的数值为该指标的权重值。该种方法通过专家打分的方式确定指标的权重，有一定的权威性，但也存在着较大的主观性。

变异系数法：变异系数是指利用各项指标所包含的信息量的多少，通过计算得到指标的权重，是一种比较客观的权重赋值方法。该方法的主要思想是指标变异系数越大反映指标的波动情况越大，则说明指标能够反映的信息量越大。由于评价指标体系中的各指标的量纲不同，所以如果直接比较其差异的话没有实际意义。为了消除不同指标量纲不同的影响，选用变异系数法来衡量各指标的差异程度。各指标的变异系数表示为：

$$V_i = \frac{\sigma_i}{\overline{X}_i} \quad (i = 1, 2, 3, \cdots, n)$$

式中，V_i 是第 i 个指标的变异系数；σ_i 是第 i 个指标的标准差；$\overline{X}_i$ 是第 i 个指标的均值。各项指标的权重计算公式为：$W_i = \dfrac{V_i}{\sum\limits_{i=1}^{n} V_i}$。通过计算

得到个农村金融创新指标权重表，如表 3-11 所示。

表 3-11　河北农村金融创新指标权重

指标变量	贷款转化率（fr）	农村金融结构指标（fs）	农村金融效率指标（fe）	总和
方差	0.0034	0.014324	0.09321	—
标准差	0.058	0.1196	0.305	—
均值	0.1485	0.28154	0.74890	—
变异系数	0.3938	0.42508	0.40766	1.226
权重	0.3210	0.3466	0.3323	1

河北农村金融创新综合指标（Fc）：通过对河北农村金融创新不同角度衡量的指标权重的赋值，综合三个指标得到河北农村金融创新综合指标 $Fc = 0.321Fr + 0.3466Fs + 0.3323Fe$。

根据此公式计算得到金融创新综合指数，见表 3-12。

表 3-12　河北农村金融创新综合指数

年份	农村金融创新指数
1998	0.37619
1999	0.38498
2000	0.38031
2001	0.35276
2002	0.36894
2003	0.37247
2004	0.34252
2005	0.35565
2006	0.2837

从表 3-12 及图 3-9 可以看到，河北农村金融创新程度在不断深化，但是这个趋势有阶段性的变化。1998~2006 年，农村金融创新程度实际上略有降低，这主要是因为在这个阶段城市经济加速发展造成农村资金大量

图3-9　河北农村金融创新指数 1998~2014

外流，银行业改革造成大量农村机构网点撤并，所以农村金融发展迟缓，金融创新匮乏。但是 2006 年以后，全国启动农村金融改革试点，放宽农村金融机构市场准入条件，大量新兴金融机构涌现，农信社改革初显成效，许多金融机构又开始有选择地恢复在农村的机构网点，特别是农业银行股改之后明确了服务"三农"定位，加大了对农村金融的支持力度。这些新变化促进了农村金融的创新与发展。

第四章
村镇银行经营绩效评价研究

本章的研究主要包括以下几个步骤，如图 4-1 所示。

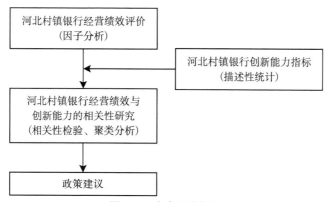

图 4-1　本章研究框架

首先，对河北村镇银行的经营绩效进行评价，主要选取资产负债率、资本充足率、一级资本充足率、贷款拨备率、不良率、资产利润率、权益利润率和成本收入比率几个指标，运用主成分分析方法，计算各家村镇银行的经营绩效得分。

其次，从户均贷款、小微贷款占全部贷款的比例等指标来衡量村镇银行的创新能力。通过相关性统计分析方法，从总体上分析村镇银行的经营绩效与创新能力的相关关系。运用聚类分析方法，按照经营绩效和创新能力指标对村镇银行进行分类，研究村镇银行经营绩效与创新能力的相关性。

最后，在上述实证研究的基础上，针对河北村镇银行发展中的问题提出政策建议。

第一节　河北村镇银行经营绩效评价的实证分析

一、经营绩效评价的指标选取

结合研究需要和数据获取情况，本章从收益性、安全性、资产质量、流动性四个方面选取 9 个绩效指标。这些指标中，有些指标属于同类指标，具有较强的相关性，因此运用因子分析法将这些指标进一步归纳为几个潜在因子。本章选择的具体指标如下：

（一）资产利润率

资产利润率=税后利润/银行平均总资产

资产利润率是银行税后利润与其平均总资产的比率。由于利润是一个流量指标，为了准确反映村镇银行在一定时期内的盈利能力，资产利润率用总资产的期初与期末余额的平均数。

（二）权益利润率

权益利润率=税后利润/所有者权益

权益利润率是税后利润与所有者权益的比值，该指标表示股东投入的资本金在一定时期内能够获取的净利润，该指标的大小既与村镇银行的资产利润率有关，也与村镇银行的资产负债率，即杠杆率有关。适当提高村镇银行的杠杆率，可以使权益利润率增加。

（三）成本收入比率

成本收入比率=营业费用/营业收入

成本收入比率是银行营业费用与营业收入的比值，反映银行每收入一元钱需要支付多少成本，该比率越低，说明银行的成本控制能力越强，银行获利能力就越强。对于村镇银行来说，由于它们以小微和农户为主要服务对象，单笔业务规模小，因此其成本收入比率会高于其他商业银行。在坚持服务小微和三农的前提下，如何有效控制成本是村镇银行必须面对的重要问题。

（四）流动性比例

流动性比例=流动资产/流动负债

流动性比例是衡量商业银行流动性风险的重要指标，该指标越高，表明商业银行的流动性风险越小，但同时也会导致其盈利能力降低。其中，流动性资产是指 1 个月内可变现的资产，包括库存现金、在中国人民银行存款、存放同业款、国库券、1 个月内到期的同业净拆出款、1 个月内到期的贷款、1 个月内到期的银行承兑汇票及其他经中国人民银行核准的证券。流动性负债是指 1 个月内到期的存款和同业拆入款。

（五）贷款拨备率

贷款拨备率=贷款损失准备金余额/各项贷款余额

贷款拨备率是村镇银行为将来可能形成呆账、坏账的资产所提取的准备金占全部贷款的比例。贷款拨备是一个损失准备的概念，是对将来可能发生的损失在当期计提的费用，它并不是实际发生的费用。

（六）不良率

不良率=（次级类贷款+可疑类贷款+损失类贷款）/各项贷款

不良率指村镇不良贷款占总贷款余额的比重。不良贷款是指在评估银行贷款质量时，次级类贷款、可疑类贷款和损失类贷款三者的合称。不良率高，表明村镇银行在发放贷款时比较激进，为了追求高收益而向高风险客户放贷，或者是村镇银行的信贷风险评估与管理能力较差。

（七）资产负债率

资产负债率=总负债/总资产

资产负债率是负债总额与资产总额的比值，是衡量村镇银行偿债能力的重要指标。银行的负债主要是储户的存款，负债率越高，表明银行所发放的贷款中，来源于储户存款的比例越高，一旦这些贷款逾期不能收回，则储户存款的兑付风险就会增加，因此银行的资产负债率反映了储户将资金存放在银行的安全性。

（八）资本充足率

资本充足率=（总资本–对应资本扣减额）/风险加权资产

资本充足率是指资本总额（扣减后）与加权风险资产总额的比例。商业银行的资本包括核心资本和附属资本，核心资本包括实收资本、资本公积金、盈余公积金和未分配利润，附属资本是指贷款准备金。加权风险资产是根据风险权重计算出来的资产。根据《商业银行资本管理办法（试行)》的规定，商业银行的资本充足率不得低于8%。

（九）一级资本充足率

一级资本充足率=（一级资本–对应资本扣减额）/风险加权资产

一级资本包括核心一级资本和其他一级资本。根据《商业银行资本管理办法（试行)》的规定，商业银行的一级资本充足率不得低于6%。

二、研究样本与数据

截至 2015 年 6 月 30 日，河北村镇银行的发展基本概况如表 4–1 所示。

表 4–1　河北村镇银行发展基本概况

各类指标	2013 年	2014 年		2015 年
		上半年	全年	上半年
机构数量（个）	44	52	61	64
分支机构数量（个）	16	21	42	46
实收注册资本（万元）	142999	234999.00	287400.00	353400.00
资产总额（万元）	1207600	1521983.71	1882097.19	2299322.20
负债总额（万元）	1048800	1269822.14	1567278.71	1918494.13
所有者权益（万元）	158700	252161.56	314818.48	380828.07
利润总额（扣税前）（万元）	17758.82	7432.11	17784.76	13738.14
各项存款（万元）	930612.25	1109816.43	1379334.77	1600696.77
各项贷款（万元）	599667.83	807368.99	1040028.60	1325406.08
贷款户数（户）	6107	8732	13937	19725
不良贷款（万元）	297.41	1795.91	1666.59	4326.72
不良率（%）	0.05	0.22	0.16	0.33
资本充足率（%）	25.66	30.51	29.69	28.70
一级资本充足率（%）	24.35	29.52	28.66	27.66
贷款拨备率（拨贷比）（%）	2.51	2.69	2.68	2.86
流动性比例（%）	80.91	88.88	98.02	106.02
存贷比（%）	64.44	72.75	75.40	82.80
拨备覆盖率（%）	5053.06	1210.83	1674.43	876.22
成本收入比率（%）	52.36	60.15	62.19	56.60

　　注：河北省银监局。2013 年度数据仅包含接入 1104 系统的 27 家村镇银行；2014 年上半年数据仅包含接入 1104 系统的 41 家村镇银行；2014 年度数据仅包含接入 1104 系统的 50 家村镇银行；2015 年上半年数据仅包含接入 1104 系统的 60 家村镇银行。

　　考虑到村镇银行从设立到稳定发展需要的周期，选择在 2014 年上半年接入省银监局 1104 系统的 41 家村镇银行作为研究对象。这 41 家村镇银行 2014 年和 2015 年上半年相关绩效指标的描述性统计如表 4–2 和表 4–3 所示。

表 4-2　2014 年 41 家村镇银行绩效指标的描述性统计

	均值	标准差	最大值	上四分位	中位数	下四分位	最小值
资产负债率	0.728	0.244	0.948	0.88	0.837	0.630	0.148
资本充足率	0.569	0.631	2.418	0.582	0.277	0.197	0.113
一级资本充足率	0.559	0.631	2.409	0.571	0.266	0.189	0.101
贷款拨备率	0.027	0.02	0.131	0.026	0.025	0.025	0.001
流动性比例	1.377	1.156	5.105	1.423	0.988	0.663	0.325
不良率	0.003	0.014	0.088	0	0	0	0
资产利润率	−0.004	0.033	0.043	0.022	0.008	−0.027	−0.075
权益利润率	0.052	0.168	0.356	0.165	0.087	−0.060	−0.318
成本收入比率	1.033	0.789	3.835	1.526	0.652	0.505	0.208

表 4-3　2015 年上半年 41 家村镇银行绩效指标的描述性统计

	均值	标准差	最大值	上四分位	中位数	下四分位	最小
资产负债率	0.751	0.215	0.948	0.893	0.849	0.671	0.229
资本充足率	0.449	0.423	1.666	0.535	0.243	0.174	0.118
一级资本充足率	0.439	0.422	1.655	0.524	0.235	0.167	0.107
贷款拨备率	0.027	0.010	0.062	0.028	0.025	0.025	0.004
流动性比例	1.357	0.959	5.262	1.829	1.103	0.755	0.302
不良率	0.003	0.008	0.046	0.002	0	0	0
资产利润率	0.004	0.010	0.024	0.010	0.003	0.000	−0.016
权益利润率	0.050	0.068	0.236	0.088	0.034	−0.001	−0.035
成本收入比率	0.682	0.334	1.422	0.850	0.626	0.387	0.218

对比 2014 年和 2015 年上半年的数据可以看出，41 家村镇银行 2015 年上半年的资产负债率平均值和中位数比 2014 年上升，资本充足率和一级资本充足率下降，表明这些村镇银行运用负债发放贷款的比例逐渐上升。2015 年上半年，41 家村镇银行的资产利润率和权益利润率的中位数有所下降，表明进入 2015 年村镇银行的利润空间在收窄。

本节将运用因子分析方法，选取 2015 年上半年的样本数据，对上述 9 个绩效指标做降维处理。在 41 家村镇银行中，有些村镇银行的资产负债率较低，最低的只有 22.9%。合理利用财务杠杆，利用负债资金发放贷款是村镇银行区别于小额贷款公司的重要特征。资产负债率过低，表明这些村镇银行的业务还没有走上正轨，放贷的资金主要来源于股东的资本金。因此，在实证研究中，扣除资产负债率低于 50% 的样本，选择剩余的 33 家村镇银行作为研究样本。

三、基于因子分析方法的经营绩效评价

（一）因子分析前的相关检验

2015 年上半年，33 家村镇银行 9 个绩效指标的相关系数矩阵如表 4-4 所示。

表 4-4　村镇银行经营绩效指标的相关系数矩阵

	资产负债率	资本充足率	一级资本充足率	贷款拨备率	流动性比例	不良率	资产利润率	权益利润率
资本充足率	-0.958							
一级资本充足率	-0.959	1.000						
贷款拨备率	0.083	-0.069	-0.077					
流动性比例	0.073	-0.030	-0.034	0.190				
不良率	0.060	-0.106	-0.095	0.354	0.110			
资产利润率	0.390	-0.334	-0.335	0.293	0.043	0.303		
权益利润率	0.494	-0.439	-0.442	0.365	0.063	0.197	0.881	
成本收入比率	-0.655	0.606	0.607	-0.301	-0.033	-0.281	-0.778	-0.719

从表 4-4 的数据可以看出，在 36 个相关系数中，大于 0.3 的有 20 个，表明这些指标适合用因子分析法做降维处理。

为了进一步检验这些指标是否适合做因子分析，还要做 KMO 值检验和 Barlett's 球体检验。KMO 值检验和 Barlett's 球体检验结果如表 4-5 所示。

表 4-5 　KMO 值和 Barlett's 球体检验

Kaiser-Meyer-Olkin Measure of Sampling Adequacy.		0.626
Bartlett's Test of Sphericity	Approx. Chi-Square	420.267
	df	36
	Sig.	0.000

KMO 值介于 0.5~1.0，样本数据适合做因子分析。表 4-6 中，KMO 值为 0.626，表明可以做因子分析。Barlett's 球体检验是通过转换为 χ^2 检验来完成对变量之间是否相互独立进行检验，若该统计量取值加大，因子分析是适用的。表 4-5 中 Barlett's 球体检验的渐进 χ^2 值为 420.267，相应的显著性小于 0.001，为高度显著，这表明样本数据适合做因子分析。

（二）绩效评价实证分析

用 SPSS 统计分析软件，对 33 家村镇银行的 9 个绩效评价指标做因子分析。选取 4 个公共因子，得到总方差解释数据如表 4-6 所示。

表 4-6 　总方差解释

成分	初始特征值			提取平和载入			旋转平和载入		
	合计	方差比例	累计（%）	合计	方差比例	累计（%）	合计	方差比例	累计（%）
1	4.358	48.427	48.427	4.358	48.427	48.427	3.131	34.788	34.788
2	1.729	19.213	67.640	1.729	19.213	67.640	2.486	27.625	62.413
3	1.078	11.979	79.619	1.078	11.979	79.619	1.355	15.060	77.473
4	0.836	9.293	88.912	0.836	9.293	88.912	1.030	11.440	88.912
5	0.633	7.035	95.947						
6	0.244	2.714	98.661						
7	0.075	0.832	99.493						
8	0.046	0.506	99.999						
9	0	0.001	100						
10	0	0.001	100						

从表 4-6 的统计分析结果看，第一公共因子的方差贡献率为 48.43%，第二公共因子的方差贡献率为 19.21%，第三公共因子的方差贡献率为

11.98%，第四公共因子的方差贡献率为 9.29%，前四个因子累计方差贡献率为 88.91%，即四个因子解释了总方差的 88.91%，包含了所选指标中的大部分信息。所以只需提取出四个因子即可。

因子分析的碎石图如图 4-2 所示。

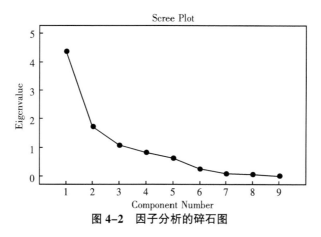

图 4-2　因子分析的碎石图

从碎石图来看，第一个到第二个公共因子的特征值下降较快，第二个到第三个特征值变化速度迅速放慢，在第四个因子之后的特征值又迅速下降，因此选取 4 个公共因子是合适的。

共同因子方差表如表 4-7 所示。

表 4-7　共同因子方差

	Initial	Extraction
资产负债率	1.000	0.966
资本充足率	1.000	0.988
一级资本充足率	1.000	0.987
贷款拨备率	1.000	0.599
流动性比例	1.000	0.959
不良率	1.000	0.842
资产利润率	1.000	0.930
权益利润率	1.000	0.905
成本收入比率	1.000	0.826

Extraction Method：Principal Component Analysis.

共同因子方差，表示每个变量被解释的方差量。从表 4-7 可以看出，除了贷款拨备率以外，其他指标的方差估计量都超过 0.8。

初始因子载荷和旋转后的因子载荷如表 4-8 和表 4-9 所示。

表 4-8　初始因子载荷阵

	Component			
	1	2	3	4
资产负债率	0.876	−0.425	0.132	−0.021
成本收入比率	−0.874	−0.179	0.168	−0.045
一级资本充足率	−0.857	0.465	−0.155	0.114
资本充足率	−0.856	0.466	−0.153	0.125
权益利润率	0.788	0.367	−0.278	0.268
资产利润率	0.737	0.468	−0.346	0.219
贷款拨备率	0.323	0.624	0.282	−0.163
流动性比率	0.096	0.228	0.803	0.503
不良率	0.290	0.537	0.251	−0.637

Extraction Method：Principal Component Analysis.

a. 4 components extracted.

表 4-9　方差最大正交旋转后的因子载荷阵

	Component			
	1	2	3	4
资本充足率	0.975	−0.190	−0.038	0.001
一级资本充足率	0.974	−0.195	−0.032	−0.007
资产负债率	−0.943	0.274	−0.011	0.053
资产利润率	−0.151	0.936	0.173	−0.011
权益利润率	−0.256	0.908	0.113	0.054
成本收入比率	0.498	−0.731	−0.207	0.024
不良率	−0.069	0.074	0.910	−0.055
贷款拨备率	0.036	0.311	0.656	0.266
流动性比例	−0.035	−0.001	0.091	0.974

Extraction Method：Principal Component Analysis.

Rotation Method：Varimax with Kaiser Normalization.

a. Rotation converged in 6 iterations.

通过旋转后的因子载荷矩阵，可以将原来的 9 个绩效指标归入 4 个公因子。第一个公因子包含资本充足率、一级资本充足率和资产负债率，这三个指标的因子载荷值分别为 0.975、0.974 和 -0.943，这类指标是反映村镇银行资本充足方面的指标，所以第一个公因子称为资本充足性因子；第二个公因子包括资产利润率、权益利润率和成本收入比率，这三个指标的因子载荷分别为 0.936、0.908 和 -0.731，这类指标反映村镇银行的收益情况，所以第二个公因子称为收益性因子；第三个公因子包括不良率和贷款拨备率，这两个指标的因子载荷分别为 0.910 和 0.656，这两个指标是反映村镇银行资产质量的指标，第三个公因子称为资产质量因子；第四个公因子包括流动性比例这一个指标，第四个公因子称为流动性因子。四个公因子命名及其与单个绩效指标的关系如表 4–10 所示。

表 4–10　公因子命名

公因子	高载荷指标及其载荷值		因子命名
第一（F_1）	资本充足率（X_2）	0.975	资本充足性因子
	一级资本充足率（X_3）	0.974	
	资产负债率（X_1）	-0.943	
第二（F_2）	资产利润率（X_7）	0.936	收益性因子
	权益利润率（X_8）	0.908	
	成本收入比率（X_9）	-0.731	
第三（F_3）	不良率（X_6）	0.910	资产质量因子
	贷款拨备率（X_4）	0.656	
第四（F_4）	流动性比例（X_5）	0.974	流动性因子

四个公因子的因子得分系数如表 4–11 所示。

表 4–11　因子得分系数矩阵

	Component			
	1	2	3	4
资产负债率	-0.330	-0.060	-0.047	0.043
资本充足率	0.367	0.132	-0.029	0.019

	Component			
	1	2	3	4
一级资本充足率	0.365	0.128	−0.022	0.011
贷款拨备率	0.064	0.024	0.458	0.166
流动性比例	−0.006	−0.028	−0.070	0.963
不良率	−0.055	−0.217	0.804	−0.199
资产利润率	0.157	0.489	−0.089	−0.036
权益利润率	0.109	0.463	−0.140	0.038
成本收入比率	0.042	−0.270	−0.015	0.060

Extraction Method: Principal Component Analysis.

Rotation Method: Varimax with Kaiser Normalization.

Component Scores.

根据因子得分系数，可以写出四个公因子的表达式为：

$$F_1 = (-0.330) \times X_1 + 0.367 \times X_2 + 0.365 \times X_3 + 0.064 \times X_4 + (-0.006) \times X_5 + (-0.055) \times X_6 + 0.157 \times X_7 + 0.109 \times X_8 + 0.042 \times X_9$$

$$F_2 = (-0.060) \times X_1 + 0.132 \times X_2 + 0.128 \times X_3 + 0.024 \times X_4 + (-0.028) \times X_5 + (-0.217) \times X_6 + 0.489 \times X_7 + 0.463 \times X_8 + (-0.270) \times X_9$$

$$F_3 = (-0.047) \times X_1 + (-0.029) \times X_2 + (-0.022) \times X_3 + 0.458 \times X_4 + (-0.070) \times X_5 + 0.804 \times X_6 + (-0.089) \times X_7 + (-0.140) \times X_8 + (-0.015) \times X_9$$

$$F_4 = 0.043 \times X_1 + 0.019 \times X_2 + 0.011 \times X_3 + 0.166 \times X_4 + 0.963 \times X_5 + (-0.199) \times X_6 + (-0.036) \times X_7 + 0.038 \times X_8 + 0.060 \times X_9$$

据此可以计算出各个村镇银行的四个公因子得分。以各因子的方差贡献率占四个因子总方差贡献率的比例作为权重进行加权，可以得出各村镇银行绩效的综合得分 F，即：

$$F = (48.427\% \times F_1 + 19.213\% \times F_2 + 11.979\% \times F_3 + 9.293\% \times F_4)/88.912\%$$

33 家村镇银行的四个公因子得分及综合得分与排名如表 4–12 所示。

表 4-12　村镇银行公因子得分及综合得分与排名

编号	资本充足性因子	排名	收益性因子	排名	资产质量因子	排名	流动性因子	排名	综合	排名
1	-0.066	11	-0.189	22	-0.073	32	0.382	33	-0.042	29
2	-0.177	30	-0.094	11	-0.100	24	0.574	29	-0.062	30
3	-0.202	33	-0.222	27	-0.224	2	2.355	2	0.051	13
4	-0.074	12	-0.162	19	-0.068	33	0.386	32	-0.039	28
5	-0.197	32	-0.195	24	-0.086	30	0.598	27	-0.088	33
6	-0.152	25	-0.258	29	-0.094	25	0.754	24	-0.064	31
7	0.225	2	-0.308	33	-0.140	13	1.190	13	0.143	3
8	-0.011	8	-0.060	8	-0.126	18	0.976	18	0.059	12
9	-0.138	22	-0.191	23	-0.140	14	1.369	9	0.007	19
10	-0.173	29	-0.088	10	-0.140	12	1.142	14	-0.012	21
11	0.027	5	-0.132	16	-0.143	10	1.242	11	0.086	9
12	-0.023	9	-0.115	14	-0.159	8	1.425	8	0.080	10
15	-0.192	31	-0.197	26	-0.300	1	3.541	1	0.162	2
16	0.220	3	-0.308	32	-0.128	17	0.946	19	0.120	6
17	0.189	4	-0.307	31	-0.189	4	1.917	4	0.188	1
18	-0.026	10	-0.052	7	-0.166	6	1.820	6	0.127	5
19	-0.148	23	-0.064	9	-0.123	20	0.886	21	-0.016	22
20	-0.009	7	-0.185	21	-0.186	5	1.854	5	0.110	7
24	0.005	6	-0.013	2	-0.147	9	1.218	12	0.095	8
27	0.239	1	-0.136	18	-0.107	23	0.716	25	0.143	4
29	-0.094	17	-0.042	6	-0.123	22	0.798	23	0.006	20
30	-0.159	27	-0.029	4	-0.143	11	1.282	10	0.019	17
31	-0.089	16	-0.035	5	-0.161	7	1.533	7	0.073	11
32	-0.100	18	-0.014	3	-0.125	19	0.927	20	0.020	16
33	-0.165	28	0.020	1	-0.123	21	0.804	22	-0.016	23
34	-0.115	19	-0.111	13	-0.080	31	1.054	17	0.011	18
35	-0.088	15	-0.135	17	-0.092	27	0.588	28	-0.025	25
36	-0.078	14	-0.131	15	-0.134	15	1.065	16	0.020	15
37	-0.118	20	-0.110	12	-0.087	29	0.709	26	-0.023	24
38	-0.150	24	-0.297	30	-0.212	3	2.207	3	0.050	14
39	-0.135	21	-0.240	28	-0.091	28	0.484	31	-0.077	32
40	-0.076	13	-0.183	20	-0.093	26	0.503	30	-0.036	27
41	-0.153	26	-0.197	25	-0.134	16	1.083	15	-0.027	26

第二节 河北村镇银行创新能力对 经营绩效的影响

一、河北村镇银行创新能力评价

(一) 村镇银行创新能力指标选取

本节对村镇银行金融创新能力的考察，并不侧重于其开发了多少创新型金融产品，应用了多少新技术、新设备，而是侧重于考察村镇银行是否执行差异化发展战略，发挥其小型金融机构机制灵活的优势，大力发展小微和农户等小规模客户。为此，我们选择以下几个指标衡量村镇银行的金融创新能力：

1. 户均贷款

户均贷款=期末贷款余额/未偿还贷款户数

户均贷款数额小，表明村镇银行积极面向小微企业和农户等小型客户开展业务，积极为这些弱势群体提供融资服务。同时，户均贷款余额小，也表明村镇银行坚持走差异化发展道路，发挥村镇银行小银行的优势，在小客户业务方面具备一定的优势。

2. 小微企业户均贷款

小微企业户均贷款=小微企业贷款余额/未偿还小微企业户数

3. 农户户均贷款

农户户均贷款=农户贷款余额/未偿还农户户数

4. 小微和农户贷款占贷款总额的比例

小微和农户贷款占贷款总额的比例=小微企业和农户贷款余额/全部贷款余额

5. 小微企业贷款比例

小微企业贷款比例=小微企业贷款余额/全部贷款余额

6. 农户贷款比例

农户贷款比例=农户贷款余额/全部贷款余额

（二）金融创新能力指标的描述性统计

41家村镇银行2014年和2015年上半年金融创新能力指标数据的描述性统计如表4-13和表4-14所示。

表4-13　2014年村镇银行金融创新能力指标的描述性统计

	户均贷款（万元）	小微户均贷款（万元）	农户户均贷款（万元）	小微和农户贷款比例	小微贷款比例	农户贷款比例
均值	82.76	142.15	51.19	0.961	0.73	0.54
标准差	46.92	115.00	35.13	0.067	0.25	0.30
最大	243.56	432.77	167.18	1	1	0.98
上四分位	99.75	219.17	80.18	1	0.91	0.80
中位数	88.78	101.60	46.01	0.993	0.81	0.59
下四分位	43.45	51.27	25.50	0.947	0.60	0.31
最小	21.23	0	0	0.670	0.20	0.01

表4-14　2015年上半年村镇银行金融创新指标的描述性统计

	户均贷款（万元）	小微户均贷款（万元）	农户户均贷款（万元）	小微和农户贷款比例	小微贷款比例	农户贷款比例
均值	73.98	129.33	49.96	0.960	0.77	0.58
标准差	33.25	96.86	26.44	0.057	0.22	0.26
最大	163.00	330.93	109.26	1	1	0.96
上四分位	96.12	202.78	70.09	1	0.94	0.81
中位数	77.09	98.13	48.25	0.986	0.86	0.63
下四分位	45.35	53.29	30.58	0.941	0.70	0.39
最小	20.49	0	0	0.730	0.25	0

从户均贷款数据看，各家村镇银行之间差别比较大，户均贷款最大的村镇银行为 163 万元，而最小的村镇银行只有 20 万元，这表明村镇银行之间在是否重点发展小规模客户方面有一定的分歧。2015 年上半年，41 家村镇银行的户均贷款额比 2014 年有所下降。

二、金融创新能力对村镇银行经营绩效的影响分析

本节研究的重点内容是村镇银行的金融创新能力对其经营绩效的影响，即那些积极贯彻差异化发展战略，不断通过机制创新、管理创新，大力发展面向小微企业、农户等小客户开展业务的村镇银行，他们是否也获得了良好的经营绩效。本节将运用两种统计分析方法研究村镇银行的金融创新能力与经营绩效的关系：一是运用双变量相关性检验方法；二是运用聚类分析方法。本节的实证统计分析的样本与第二节相同，也是选择 2015 年上半年的村镇银行数据，扣除资产负债率低于 50% 的样本，对剩余 33 家村镇银行进行研究。

（一）双变量相关性检验

1. 金融创新能力指标与资本充足性因子的相关性检验

分别采用双变量 Pearson 参数检验和 Speaman 非参数检验方法，检验结果如表 4-15 所示。从相关性检验结果看，村镇银行的户均贷款规模与资本充足性指标呈负相关性，户均贷款规模越小的村镇银行，资本充足率越高，这些村镇银行的贷款资金更多地来源于自有资本金。而户均贷款规模越大的村镇银行，资产充足率越低，贷款资金更多地来源于存款等负债资金。出现这一现象可能有以下两个原因：第一，因为有些村镇银行是从小额贷款公司发展起来的，由于我国对小额贷款公司的资金杠杆限制比较严格，要求小额贷款公司向银行的借款不能超过其资本金的 50%，当这些

小额贷款公司转型为村镇银行后，原有的经营模式被延续下来。第二，一般认为，小微和农户这些小型客户，信贷风险较高，户均贷款规模越小，村镇银行在运用资金杠杆方面就会越谨慎，资产负债率更低，资本充足率更高。

表4-15　村镇银行金融创新能力指标与资本充足性因子的相关性检验

指标	户均贷款	小微户均贷款	农户户均贷款	小微和农户贷款比例	小微贷款比例	农户贷款比例
Pearson 检验						
相关系数	−0.384*	−0.317	−0.518**	−0.463**	0.270	−0.269
显著性值	0.027	0.073	0.002	0.007	0.129	0.130
Speaman 检验						
相关系数	−0.240	−0.195	−0.459**	−0.406*	0.289	−0.476**
显著性值	0.178	0.278	0.007	0.019	0.102	0.005

注：* 表示在5%显著性下显著（双尾）；** 表示在1%显著性下显著（双尾）。

2. 金融创新能力指标与收益性因子的相关性检验

双变量 Pearson 参数检验和 Speaman 非参数检验结果如表4-16所示。

表4-16　村镇银行金融创新能力指标与收益性因子的相关性检验

指标	户均贷款	小微户均贷款	农户户均贷款	小微和农户贷款比例	小微贷款比例	农户贷款比例
Pearson 检验						
相关系数	0.409	0.214	0.127	0.062	−0.313	0.177
显著性值	0.787	0.232	0.482	0.731	0.076	0.325
Speaman 检验						
相关系数	0.045	0.244	0.098	0.055	−0.416*	0.151
显著性值	0.803	0.171	0.589	0.762	0.016	0.401

注：* 表示在5%显著性下显著（双尾）；** 表示在1%显著性下显著（双尾）。

从相关性检验结果看，村镇银行的收益水平与户均贷款规模正相关，但相关性较弱，统计上不显著，表明从总体上看，积极开展小客户业务的村镇银行，并没有表现出更高的收益水平。统计检验还发现，村镇银行的收益水平与其投向小微企业的贷款比例负相关，小微企业贷款比例越高，收益水平越低，村镇银行收益水平与农户贷款比例正相关，但相关性不强，统计不显著。这表明村镇银行农户贷款的收益要好于小微企业。

3. 金融创新能力指标与资产质量因子的相关性检验

双变量 Pearson 参数检验和 Speaman 非参数检验结果如表 4-17 所示。从相关性检验结果来看，资产质量因子与上述几个指标的相关性较弱，村镇银行的金融创新对其资产质量影响不大。

表 4-17　村镇银行金融创新能力指标与资产质量因子的相关性检验

指标	户均贷款	小微户均贷款	农户户均贷款	小微和农户贷款比例	小微贷款比例	农户贷款比例
Pearson 检验						
相关系数	−0.078	−0.191	0.005	0.152	0.057	0.076
显著性值	0.666	0.287	0.976	0.397	0.751	0.674
Speaman 检验						
相关系数	−0.080	−0.153	0.042	0.281	0.071	0.132
显著性值	0.657	0.394	0.815	0.113	0.695	0.464

注：* 表示在 5% 显著性下显著（双尾）；** 表示在 1% 显著性下显著（双尾）。

4. 金融创新能力指标与流动性因子的相关性检验

双变量 Pearson 参数检验和 Speaman 非参数检验结果如表 4-18 所示。从相关性检验结果来看，流动性因子与上述几个指标的相关性较弱，村镇银行的金融创新对其流动性基本没有影响。

5. 金融创新能力指标与经营绩效综合得分的相关性检验

双变量 Pearson 参数检验和 Speaman 非参数检验结果如表 4-19 所示。从相关性检验结果看，户均贷款规模与村镇银行经营绩效负相关，特别是农户户均贷款，即户均贷款规模小的村镇银行，其经营绩效总得分更好。由于在计算经营绩效综合得分时，资本充足性因子的权重最大，户均贷款与资本充足性因子之间有显著的负相关性，这使得户均贷款与经营绩效总

表 4-18　村镇银行金融创新能力指标与流动性因子的相关性检验

指标	户均贷款	小微户均贷款	农户户均贷款	小微和农户贷款比例	小微贷款比例	农户贷款比例
Pearson 检验						
相关系数	0.085	0.156	−0.019	−0.131	−0.005	−0.095
显著性值	0.637	0.386	0.916	0.469	0.978	0.600
Speaman 检验						
相关系数	0.050	0.075	−0.062	−0.211	0.008	−0.079
显著性值	0.783	0.680	0.732	0.239	0.966	0.661

注：* 表示在 5% 显著性下显著（双尾）；** 表示在 1% 显著性下显著（双尾）。

表 4-19　村镇银行金融创新能力指标与经营绩效综合得分的相关性检验

指标	户均贷款	小微户均贷款	农户户均贷款	小微和农户贷款比例	小微贷款比例	农户贷款比例
Pearson 检验						
相关系数	−0.231	−0.088	−0.399*	−0.451**	0.141	−0.245
显著性值	0.195	0.625	0.021	0.008	0.432	0.169
Speaman 检验						
相关系数	−0.227	−0.091	−0.356*	−0.403*	0.145	−0.232
显著性值	0.204	0.614	0.042	0.020	0.422	0.195

注：* 表示在 5% 显著性下显著（双尾）；** 表示在 1% 显著性下显著（双尾）。

得分之间也是负相关的。此外，小微和农户贷款比例指标与经营绩效总得分之间有显著的负相关性，表明从总体上，向小微和农户发放贷款比例比较高的村镇银行，其经营绩效反而不及那些小微和农户贷款比例低的村镇银行。

（二）聚类分析

为了进一步探索村镇银行的金融创新能力与经营绩效的关系，下面对样本数据做聚类分析。聚类分析是运用统计分析方法，将研究样本分成不同的类型，进而可以对不同类型的样本做分类研究。根据设定的指标，被分为一类的样本，会表现出比较接近的特征。村镇银行是银行业金融机构中的新生事物，其发展模式还处于探索之中。在探索发展的过程中，不同的村镇银行会选择不同的发展道路。通过将村镇银行进行分类，可以更进一步分析村镇银行金融创新能力对经营绩效的影响。

运用分层聚类分析方法，选择资本充足性因子、收益性因子、资产质量因子、流动性因子、户均贷款、小微企业户均贷款、农户户均贷款、小微和农户贷款比例、小微贷款比例、农户贷款比例、资产总额作为聚类变量，将33家村镇银行分为4组，得到聚类分析如图4-3所示。分类后的4组村镇银行相关指标的均值如表4-20所示。

第1组含10家村镇银行，这组村镇银行的资产充足性因子最高，资产负债率最低；户均贷款额最小，平均规模也最小；收益性因子最低，资产利润率和权益利润率都低于其他三组，成本收入比率高于其他三组。第1组的10家村镇银行体现了小型金融机构开展小客户业务的特征，但由于单笔业务数额小，造成业务成本高，收益水平低。尽管这些村镇银行未来可以通过适当增加资金杠杆提高权益利润率，但其显著偏低的资产利润率表明，对于这些村镇银行来说，尚未有效解决小客户业务成本高，利润低的问题，还不能实现村镇银行小客户业务与其自身利益双赢的局面。

第2组包含12家村镇银行。这4组中，第2组村镇银行的户均贷款数额最大，为103.02万元，这组村镇银行在拓展小客户业务方面表现最差。第2组村镇银行的资产质量在4组村镇银行中最优，收益性指标和资本充足性指标居中。

第3组包含3家村镇银行。这4组中，第3组村镇银行的资产规模最大，资本充足率因子最低，收益性因子最高。第3组村镇银行的平均权益利润率高达17.08%，资产利润率高达1.32%。这3家村镇银行的户均贷款规模为68.44万元，仅高于第1组，低于第2组合第4组。综合来看，这3家村镇银行的发展是比较成功的，在积极发展小客户业务的同时，能有

Dendrogram using Ward Method

Cluster Membership

Rescaled Distance Cluster Combine

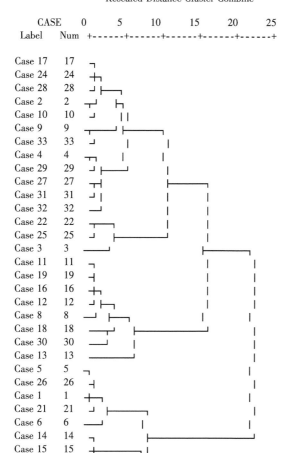

Case	4 Clusters
1: Case 1	1
2: Case 2	2
3: Case 3	3
4: Case 4	2
5: Case 5	1
6: Case 6	1
7: Case 7	1
8: Case 8	4
9: Case 9	2
10: Case 10	2
11: Case 11	4
12: Case 12	4
13: Case 13	4
14: Case 14	1
15: Case 15	1
16: Case 16	4
17: Case 17	2
18: Case 18	4
19: Case 19	4
20: Case 20	1
21: Case 21	1
22: Case 22	3
23: Case 23	1
24: Case 24	2
25: Case 25	3
26: Case 26	1
27: Case 27	2
28: Case 28	2
29: Case 29	2
30: Case 30	4
31: Case 31	2
32: Case 32	2
33: Case 33	2

图 4-3 聚类分析

表 4-20 分组的村镇银行相关指标的均值

分类	1	2	3	4
村镇银行家数	10	12	3	8
资本充足性因子	0.016	−0.121	−0.176	−0.048
资产负债率（%）	79.23	87.55	92.79	84.63
资本充足率（%）	33.83	19.60	14.27	29.21

续表

分类	1	2	3	4
一级资本充足率（%）	32.89	18.64	13.14	28.13
收益性因子	−0.189	−0.134	−0.077	−0.131
资产利润率（%）	0.29	0.71	1.32	1.05
权益利润率（%）	2.91	6.62	17.08	6.61
成本收入比率	0.80	0.53	0.38	0.52
资产质量因子	−0.12	−0.11	−0.16	−0.18
贷款拨备率	0.028	0.022	0.040	0.028
不良率	0.006	0.001	0.002	0.004
流动性因子	0.99	0.81	1.48	1.79
流动性比例	0.93	0.76	1.46	1.77
户均贷款	41.10	103.02	68.44	95.41
小微贷款比例	0.83	0.73	0.31	0.89
小微户均贷款	49.94	186.15	164.61	218.98
农户贷款比例	0.58	0.64	0.88	0.26
农户户均贷款	29.62	76.16	62.08	41.11
小微加农户比例	0.94	0.99	1.00	0.95
分支机构数量	1	1.58	3.67	0.88
资产总额	26232	59448	154071	51769

效控制成本，经济效益良好，而且能够在监管许可的范围内，合理运用资金杠杆，增加权益利润。这组村镇银行的小微贷款比例较低，农户贷款比例较高。

第 4 组含 8 家村镇银行，这组村镇银行与第 2 组具有较强的可比性。在资产规模和收益水平方面，第 4 组与第 2 组基本相当。在这 4 组村镇银行中，第 4 组的户均贷款额低于第 2 组，但高于第 1 组合第 3 组，为 95.41 万元，这组村镇银行在拓展小客户业务方面表现也比较差。与第 2 组相比，第 4 组村镇银行的资产质量较差，但在资产流动性方面表现良好。第 4 组的资本充足性指标好于第 2 组，资产负债率低于第 2 组。

综合分析，第3组村镇银行可以定义为优秀组，基本已经进入良性发展的轨道，在积极发展小微和农户贷款等小客户业务的同时，也取得了很好的经济效益。第1组可以定义为希望之星，这些村镇银行积极开展小客户业务，但并没有取得良好的经济效益，未来还需要不断控制业务成本，提高经济效益，同时也可以在监管许可的范围内适当增加资金杠杆。第2组和第4组都属于表现一般的村镇银行，相对来说，第4组优于第2组，定义第2组为一般偏下，第4组为一般偏上。第2组和第4组村镇银行应该积极贯彻村镇银行创新发展方向，进一步加大拓展小微和农户等小客户业务的力度，同时降低业务成本，提高收益水平。

从聚类分析结果看，在考察的2015年上半年33家样本村镇银行中，已经步入良性发展轨道的只有第3组的3家村镇银行。大部分村镇银行还不能实现小客户业务发展与投资收益的双赢。

第三节　结论与建议

一、研究结论

本章运用因子分析法对河北村镇银行的经营绩效进行了评价，并运用相关性检验和聚类分析方法研究了河北村镇银行的金融创新能力与经营绩效的关系。不同于传统的商业银行，村镇银行金融创新的重点并不在于其开发了多少新型金融产品，应用了多少新技术，而在于其是否贯彻差异化发展战略，发挥自身机制灵活的优势，创新业务模式和经营机制，积极发展小微和"三农"业务。为此，本章主要从户均贷款额、小微与涉农贷款比例等方面衡量村镇银行的创新水平。

实证研究结果发现，没有证据表明河北村镇银行的经营绩效与户均贷款规模呈现出正相关性，积极开展小客户业务的村镇银行，并没有表现出更好的经营绩效。通过聚类分析方法，将33家样本村镇银行分为4组，其中表现优秀、已经步入良性发展轨道的村镇银行只有3家，积极开展小客户业务，但经济效益不佳的村镇银行有10家。这说明河北村镇银行还处于发展的初期阶段，大部分村镇银行还需要克服困难，解决好发展中遇到的各种问题，进一步探索创新发展模式，在发展小规模客户业务和经济效益方面找到平衡点。

二、问题分析与对策建议

(一) 问题分析

结合对河北村镇银行的调研和实证研究结论，当前河北村镇银行发展中的主要问题体现在以下几个方面：

1. 股权结构不合理，公司治理不规范

制度上要求村镇银行最大股东或唯一股东必须是银行业金融机构，虽然2012年以来要求主发起行持股最低比例由20%降至15%，但调查发现，很多主发起行的持股比例均在50%以上，其他股东持股比例较小。非银行股东在村镇银行的发言权不足，导致村镇银行名为独立法人却缺乏独立性和自主性。股权的高度集中也使参股股东难以有效发挥其内在职能，导致民间资本失去注资和参与银行治理的积极性。由于发起行对村镇银行的直接控制和干预，一些村镇银行没有按照公司治理架构赋予"三会一层"相应的职责和权限，存在不按公司章程议事，不按公司章程规定的

权限执行的问题。

2. 市场定位和发展战略需进一步清晰

许多村镇银行至今没有形成清晰的发展战略、成熟的发展模式和稳定的盈利来源。在思想认识上，部分村镇银行尚未真正认识到自身定位的客观性和必要性，扎根县城，服务"三农"和小微意识还不牢固。在市场定位上，部分村镇银行尚未认识到农村金融发展的广阔空间和持久动力，还不能主动巩固和发展好农村根据地，发展路径选择不当。发展模式上，部分村镇银行未能根据自身特点和市场情况，充分发挥自身的体制机制优势，出现道路迷茫，发展缓慢的问题。部分村镇银行徒有"村镇"之名，却无地缘、人缘、血缘优势，机构下乡难，有的村镇银行尽管位于县域乃至乡镇，门脸却很洋气，大行气息浓厚，难以融入乡土社会。在产品研发上，部分村镇银行懒于创新，没有下功夫研究市场需求，创新信贷产品，只是套用或模仿发起行的经营模式和产品。

3. 内控制度不健全，抗风险能力弱

部分村镇银行没有建立起一套与其业务发展、经营规模相适应的内部控制制度，有的只是简单复制发起行的内部控制制度，与其经营管理实际不相适应。有的村镇银行虽然制定了与其自身实际相符的制度办法，但合规意识淡薄，存在操作风险。部分村镇银行信贷管理基础薄弱、分类手段比较原始，风险监控较为落后，潜在信用风险不容忽视，有的村镇银行现有信贷人员相对较少，部分信贷员从业经验不足，前中后台未能有效分离，兼岗现象较为普遍，信贷风险的管控能力相对较弱。

4. 运营成本高，吸储较为困难

由于村镇银行规模较小，分支机构较少，但各项需支出的固定费用均要正常列支，固定成本不能有效分摊，在变动成本正常列支的情况下，村镇银行的经营成本高于其他商业银行。尽管广大农村的信贷需求很大，但吸储困难严重制约了村镇银行的发展壮大。村镇银行开办时间短、网点少，普通百姓对这类新兴的金融机构还比较陌生，村镇银行社会公信力不及当地的信用社和邮政储蓄银行。广大农户担心在村镇银行的存款不安全，村镇银行的工作人员经常要面临当地居民的不信任。此外，农村地区居民收入水平不高，农民和乡镇企业闲置资金有限，这些因素客观上都制约了村镇银行储蓄存款的增长。

5. 基础金融服务能力不足

出于成本的考虑，一些村镇银行只是在县城设立网点，分支机构少，业务覆盖面及服务范围有限。部分村镇银行没有加入银联、大小额支付系统、支票影像系统等跨行支付交易系统，不能满足客户通存通兑需要，核心业务系统需要其他商业银行的支持，限制了自身金融服务能力的提高。互联网和手机银行的应用也是村镇银行的薄弱环节，不少村镇银行电子银行功能欠缺，不能办理银行卡业务、代收费业务，国际贸易各种结算、网上银行等新兴高科技业务更没有开办。有些村镇银行尚未接入征信系统，这也制约了其信贷业务的发展。这些基础性金融服务能力的欠缺也在一定程度上制约了村镇银行业务的拓展。

6. 人力资源欠缺

村镇银行人力资源的现状不容乐观。由于当前农村地区的工作环境、生活环境、交通、资源、娱乐等生活基本条件落后，不利于个人成长和未来发展，高素质金融人才都希望选择条件更好的大城市，不愿意到县城甚至乡镇发展，这使得村镇银行在员工招聘时不得不降低标准。一些村镇银行的工作人员只有专科学历，金融专业知识不足，不具备必要的金融分析能力、一线业务操作能力、团队合作能力。

（二）建议

1. 优化股权结构，规范公司治理

支持和鼓励民间资本参与村镇银行组建，扩大民间资本进入村镇银行的渠道。按照股权本地化、多元化和民营化的原则，在有利于提供专业化服务、有利于防范金融风险、坚持主发起行最低持股比例的前提下，合理安排新设立村镇银行的股权结构，适当提高民间资本持股比例。村镇银行应加快构建与社区性银行性质相适应的股权结构。要优先引进本地股东，稳步提升本地股东的持股比例；优先引进农业龙头企业、优质涉农企业和种养大户，发挥战略协同效应。

规范村镇银行的公司治理，主发起行应维护村镇银行的独立法人地位，严格按照《公司法》及章程的有关规定，履行出资人职责。要尊重和维护村镇银行的经营自主权，不能将其视同分支机构进行管理。

2. 坚持支农支小的市场定位和差异化发展战略

服务"三农"不仅是村镇银行与生俱来的天然属性和经营特色，也是国家赋予的办行宗旨和社会责任。村镇银行应牢固树立"立足县域、服务社区、支农支小"的市场定位，制定支农支小发展战略，创新探索支农支小商业模式。向乡镇拓展服务网络，着力打造专业化、精细化支农支小的社区性银行。

村镇银行应坚守微型金融和普惠金融理念，进行差异化经营，这也是村镇银行获得可持续发展动力的基础[①]。村镇银行的差异化发展，应在其他大中型银行服务的边缘地带，发挥小银行机制灵活的优势，将自己的金融服务做精做好。

---

① 王曙光. 村镇银行的定位与挑战［J］. 中国金融，2015（23）.

3. 加大对村镇银行的政策扶持力度

应加大对村镇银行的税收优惠和财政扶持力度，可以比照农村信用社，实施相同的税率和扶持政策，给予村镇银行一定年限的所得税免税期，以减轻其开办初期的经营成本。适当降低村镇银行加入银联与其他支付系统的门槛和费用，支持村镇银行改善硬件条件。可以综合运用支农再贷款、差异化法定存款准备金等政策拓展村镇银行资金来源。及时向村镇银行通报产业规划和发展动向，通过财政资金存放、扶贫和农业补贴资金发放等业务帮助村镇银行拓展资金来源。通过官方媒体加大对村镇银行的正面宣传力度，帮助民众树立对村镇银行的正确认识。

4. 完善内部控制，提高风险管理水平

村镇银行应建立完善的制度体系，以制度建设为中心加强内部控制。完善"三会一层"（股东大会、董事会、监事会和高级管理层）的监督管理体系，根据需要设置不同的专业委员会，提高决策管理水平。设立内控管理机构和人员，完善内部控制制度和流程。建立有效的风险评估体系，对信贷风险审批流程制订严格的规章制度，避免因信贷人员素质或者主观性评估而造成信贷风险。主发起行应切实承担大股东职责，建立健全并表管理体系，加强对村镇银行资本和风险的并表管理。主发起行应承诺牵头组织村镇银行重大风险处置，为村镇银行提供持续的流动性支持；对经营管理不善、监管指标持续不达标的村镇银行，主发起行应及时有效化解风险。

5. 着力提升村镇银行的创新能力和服务水平

村镇银行要立足本地产业优势，研究县域经济特色，创新金融产品和服务方式，积极发挥机制灵活、决策链条短的优势，细分金融市场，推出创新产品，着力打造"小而精、小而专、小而强"的特色社区银行。大力推动微贷技术和主发起行成熟产品落地，加快信贷产品创新，打造出"量体裁衣"式特色产品和服务，提高金融服务匹配度、附加值和客户满意度。要加快建设网上银行和手机银行，持续提升农村金融服务的便利度和普惠金融服务水平。加快村镇银行业务系统建设，不断提升基础服务硬件水平，完善村镇银行支付结算、征信、资金交易系统建设，降低村镇银行的业务运行成本。

6. 加强宣传，提高村镇银行的社会认知度

村镇银行应通过电视、网络、报刊、户外广告等多种公共媒体，加大宣传力度，引导当地居民对村镇银行的正确认识。村镇银行应组织员工主动走进社区，走进村庄，向社区居民和农户宣传自己的产品和服务，向他们普及防范电信诈骗、打击非法集资等金融知识，大力宣传村镇银行作为银监会监管下的正规金融机构的地位和性质。

7. 加强人力资源建设

村镇银行应根据客户特点和市场需求，构建适合业务发展的人力资源结构。聘用熟悉当地农村和具有支农支小经验的管理人员，不断提升本地化金融服务能力。加强对现有员工的金融知识培训，定期或不定期地聘请专家对员工开展专业知识培训，鼓励员工参加专业继续教育，通过工作经验交流等方式提升员工的业务技能和专业知识。

第五章
小额贷款公司经营效率

第一节　研究背景

1994 年，我国开始引入格莱珉银行的小额贷款机制，并主要针对用于国际援助和农村贴息贷款方面的业务，但在此后多年，由于我国经济的特殊性和经济发展的现况，并没有设立专门的从事小额贷款业务的放贷机构。2005 年 12 月，我国首先在山西平遥成立了两家小额贷款公司进行试点，探索小额信贷的实际发展模式，标志着我国的专业小额贷款机构正式产生。2008 年，小额贷款公司开始由试点向全国范围推广，取得了飞速发展，有力地支持了地方经济建设。当前我国经济正处于增速减缓、结构优化与动力转化的深度调整过程中，"新常态"成为社会各界对中国经济运行状态的一致判断。社会经济的深刻调整对金融服务的深度、广度及可得性提出了更高的要求。近年来，信息不对称以及抵押担保方式的匮乏，使得传统的正规金融服务难以下沉到贫困人群及小微企业，尽管我国金融业在总量上实现了快速的扩张，但金融对实体经济的渗透性却在弱化。

现阶段，小额贷款公司是我国进行金融体制改革，完善金融服务的一个突破口，同时也是国家解决民间高利贷、非法集资等金融违法行为，正确引导民间资本流向资金缺乏的农村和欠发达地区以及中小企业的商业机构，其发展为改善农村地区金融服务缺失，有效解决供给与需求的矛盾，更好地服务农民、农业的发展和促进中小企业资金的融通带来了新的活力。据统计，截至 2015 年底，全国已有小额贷款公司 8910 家，从业人员达到 117344 人，实收资本 8459.29 亿元，贷款余额 9411.51 亿元①，在推动我国"三农"建设、缓解小微企业融资难，促进金融市场创新方面发挥了不可忽视的积极作用。小额贷款公司的快速增长，既可以促进金融市场竞争，深化金融体制改革，又可以提高资金配置效率，有效解决农村资金供求矛盾。

但近些年，小额贷款行业开始暴露出问题：经济放缓等外部原因导致很多小额贷款公司盈利水平有所下降，不良贷款率持续上升；经营上，部分小额贷款公司的信贷业务出现"脱农、脱微"现象，违背了政策设定初衷（杜晓山等，2010；孙良顺、周孟亮，2014）；个别公司的高管因资不抵债而出现"跑路"事件，对社会造成了不利影响。这些现象背后的原因究竟是商业性小额贷款公司的运作模式无法使其实现自身利益与社会服务功能的统一，还是其内部经营管理不当或外部因素造成，这一问题亟须得到解答。随着金融监管机构《关于小额贷款公司试点的指导意见》、《小额贷款公司改制设立村镇银行暂行规定》的陆续出台，根据要求，小额贷款公司主要资金来源为"股东缴纳的资本金、捐赠资金以及来自不超过两个银行业金融机构的融入资金"，并限定"从银行业金融机构获得融入的资金

---

① 中国人民银行网官网，http://www.pbc.gov.cn/。

余额，不得超过资本净额的 50%"。在"只贷不存"的限制下，由于小额贷款公司注资能力有限，也无充足抵押物从银行获得足够授信，以及其自身非金融机构身份地位的尴尬难以向银行进行拆借，种种因素导致其在业务快速扩张的同时外源融资受限，难以持续发展。由图 5-1 可以看出，小额贷款公司贷款余额、实收资本逐季度提高，到 2015 年达到峰值此后呈下降趋势，由图 5-2 可得，但其环比增长速度呈波浪式下降趋势，且在 2015 年首度出现负增长。小额贷款公司经营效率究竟如何？哪些因素成为制约其经营发展的瓶颈？如何抓住机遇赢得金融发展主动权？

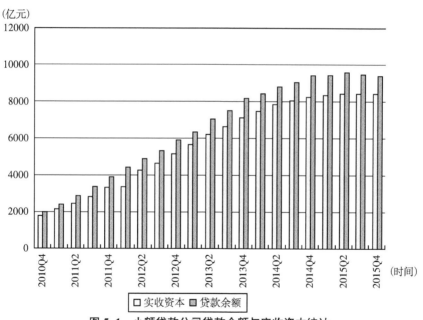

图 5-1　小额贷款公司贷款余额与实收资本统计

河北小额贷款公司规模一直处于全国各省市前列，2015 年 12 月 31 日，全国小额贷款公司机构数量达到 8910 家，其中河北有 480 家，在全

图5-2　小额贷款公司实收资本增长率与贷款余额增长率

国 31 个省（区）中仅次于江苏 636 家、天津 597 家、排名第三①。河北地处京津冀地区，其小额贷款公司的发展所面临的环境和全国大体相同，是全国小额贷款公司发展的缩影。因此，本章以河北 11 地市为例，通过调研，从经营效率视角对小额贷款公司发展状况进行研究，通过运用数据包络分析法对小额贷款公司经营效率进行计算、分析、评价，以便更好地了解小额贷款公司的发展情况，并有针对性地提出提高小额贷款公司经营效率的对策建议，以此促进小额贷款公司的发展及管理者对其进行科学有效地监管产生促进作用。

---

① 本部分数据整理自中国人民银行网站历次《小额贷款公司分地区情况统计表》。

二、小额贷款公司发展的优势及面临的问题

（一）小额贷款公司的优势

作为服务"三农"及中小企业的专业放贷机构，小额贷款公司与其他金融机构相比有着不可比拟的发展优势，主要表现为以下几点：

第一，公司规模小、借贷额度小、服务对象小。小额贷款公司的出现主要是针对中小企业以及支持农村经济建设而贷款的。据统计，截至 2015 年底，河北小额贷款公司的注册资本为 271.62 亿元，但是共发放贷款 281.47 亿元①，为河北的经济发展注入了大量的资金，满足了中小企业的贷款需求，已成为社会融资总量的重要组成部分。因此，小额贷款公司在支持地方实体经济发展中发挥着重要作用。

第二，小额贷款公司具有较大的市场空间。小额贷款公司的迅速发展有效缓解了中小企业、个体工商户、"三农"等融资难的问题。由于我国特殊的金融环境，相对垄断的金融体制，使得我国大多数中小企业的资金需求不能得到满足。目前，我国中小企业占全国企业总数的 99% 以上，但其并没有得到充分有效的金融服务。如能发挥小额贷款公司在区域产业链、供销链、消费链等方面的优势，对于缩短融资链条，降低融资成本，服务区域实体，支持地方经济发展具有更加重要的作用。

（二）小额贷款公司面临的挑战

小额贷款公司的发展注定要经历从不完善到完善的过程，当前小额贷款公司面临的挑战主要有：

第一，资金来源问题，融资上的瓶颈。我国大多数小额信贷公司项目的

---

① 中国人民银行网官网，http://www.pbc.gov.cn/。

发展都面临着同样的一个问题，那就是资金来源问题。如果没有持续的资金流，那么这些项目尤其是社会组织开展的小额信贷公司就无法正常运行下去。受各种规定的限制，小额贷款公司业务狭窄，无法吸收存款，自有资本金有限，合作银行的贷款最多也只能是自有资本的0.5倍，从现有小额贷款公司的经营情况看，这些只是杯水车薪。面对旺盛的贷款需求，各家小额贷款公司的资金缺口都相当大，根本无法满足客户的需求。与国外小额信贷公司比较，中国小额信贷机构的资金来源问题显得更加严重，需要着力解决。

第二，风险控制问题。中国小额信贷公司的风险控制能力还很弱，表现之一为不良贷款率居高不下。据相关部门统计，河北小额信贷公司不良贷款率由2009年的0.01%增加到2013年的0.12%，此后更是逐年上升且增速不断加快。不良贷款率的增高主要是由小额信贷的本质与具体管理因素等共同造成的。小额信贷专门针对贫困群体，这一群体本身就存在较高的还贷风险，特别是在缺乏配套技术、管理和政策配合的情况下，贷款难以成功发挥原有的作用；同时，一些小额信贷管理人员主要是由政府工作人员组成，很多非政府机构则缺少专业人员，在贷款的鉴别与发放以及债务追讨方面缺乏经验和能力。

第三，法律地位问题。对于中国的小额信贷公司来说，法律地位不明是其发展的一大制约因素。中国尚有很多非政府或半政府性质的小额信贷组织，提供小额信贷的基金会得到当地村民和政府的认可，其存在合情合理。然而，由于没有切实可行的法律依据，其存在的合法性受到质疑，工商行政管理部门和民政部门都不予注册，导致一些扶贫基金会和社会组织至今仍处于被边缘化的尴尬地位。

第四，治理结构及监管体制问题。小额信贷公司在治理结构上面临的主要问题包括：其一，委托代理关系扭曲；其二，董事会的代表性问题；

其三，缺乏有效监管。对于中国的小额信贷公司来说，上述治理结构问题相当广泛存在，在未来发展中如何完善治理结构问题将成为影响其健康、持续发展的关键因素之一。尽管中国已经有数量众多的小额贷款公司，但对这些机构的监管迄今没有形成完整的框架和体系，既存在监管过度问题，也存在监管缺失的问题，而且监管缺乏弹性和差别。监管问题日益成为中国小额信贷公司未来可持续发展面临的一大挑战。

第五，小额贷款公司的外部竞争加剧。全国很多中小企业有信贷需求却无任何形式的借款，并且大部分中小企业近一年中仅有一到两次借款经历，中小企业更倾向于向亲友借款。在外源性融资的选择中，中小企业普遍将银行贷款排在首位。同时，随着经济和金融改革的不断深化，银行业普遍看好中小企业，不断推出新的服务方式和贷款产品，以及当前火热的互联网金融，使得小额贷款行业竞争程度空前加剧。可见，随着国内金融政策的逐渐放开，小额贷款公司和贷款余额逐年快速增长，国内小微贷市场尚未得到大幅度开发，因此目前市场还比较狭小，而企业数目众多，加上腾讯的深圳前海微众银行的加入，以及其他银行为了抢占客户也慢慢开发小额贷款产品和客户，可以想象，未来小额贷款公司的日子并不好过，尤其是只专注于做线下贷款的公司。

从上述分析看，小额贷款公司虽然发展势头迅猛，但其他金融机构"支农"、"支小"力度也在逐渐加大，多方金融机构纷纷进入农村金融市场，不但为农村金融市场注入了活力，同时加剧了农村金融市场的竞争，从一定程度上缓解了农户和农村中小企业融资难问题。小额贷款公司与正规金融机构相比，作为民间资本组件的小额贷款公司在资金规模和管理技术上均处于劣势，那么目前小额贷款公司经营效率如何，如何改善小额贷款公司的经营情况，亟待进一步研究。

第二节 文献综述

一、国外研究现状

近几年，国内外关于小额贷款机构的发展研究较多。小额信贷起源于印度尼西亚，随着经济发展和对金融服务需求的不断增长，众多规模不一的小额信贷机构在亚洲、非洲、拉丁美洲等地区逐渐迅速发展起来。国外的学者对小额信贷机构的研究主要分为两方面：一方面是从市场的供给与需求、发展状况及其可持续性等方面入手，研究国际上较为成功的小额贷款组织的成功经验，如孟加拉乡村银行、印度尼西亚人民银行、美国社区银行等；另一方面则主要是探索小额贷款机构在经营方面的风险评价、效率研究，并提出衡量指标，做了许多定量分析，这也是国内研究领域较为缺失的部分。在这些研究中，其核心问题首先是小额信贷机构的运作发展模式以及改善农村金融市场，如何促进农村经济的增长；其次是致力于对小额信贷机构的经营效率、成本、机构覆盖率的测算并对其影响因素进行分析，广泛运用成本收益分析和数据包络分析（DEA）、随机前沿分析（SFA）等分析方法论证小额信贷机构的可持续性、不同机构类型及不同地区间的效率对比。

对农村金融市场及其供求关系的研究。美国耶鲁大学经济学家 Hugh T.Patrick（1995）提出了"供给优先"和"需求优先"两种具有代表性的农村金融发展模式。"供给优先"模式是指农村金融组织的相关服务供给应先于农村经济主体的需求，"需求优先"是指先有农村金融组织及相关的各种服务供给先于农村经济主体的需求；他还认为不同的发展阶段适应不同的发展模式，而且不同的发展模式之间存在最优顺序问题。Mire Devaney 和 Bill Weber（1995）对农村银行结构的动态模型进行了研究，认为美国农村银行业市场是不完全竞争的，若要实施农村银行业政策必须循序渐进地促进现行的竞争以及潜在的竞争。Brian P. Cozzarin（1998）构建了农业部门两大契约关系的理论模型，并在此基础上得出一体化的组织和最优化契约。Claudio Gonzalez Vega（2003）研究发展中国家的农村金融市场，通过检验他认为，解决发展中国家各类经济主体间矛盾的主要方式是对农村金融市场进行改造深化。例如，国家政策和政治环境优化，金融平衡的供需关系，发展中国家的各项金融监管制度的改进，金融结构的完善等。Hermes 等（2009）对国家金融环境与小额信贷机构的发展关系进行了分析，得出发达的金融市场能促进小额信贷机构的蓬勃发展，提高经营效率，但也可能会降低对小额信贷机构的服务需求，进而影响效率和可持续发展。Drake D.和 Rhyne E.（2002），Sinha（2007）研究了小额信贷机构的发展状况，指出小额信贷机构持续经营的能力，财务可持续是小额信贷可持续发展的基础。要达到让小额信贷机构有效地覆盖低收入群体、拓展业务经营和扩大覆盖面，需要小额信贷机构得以持续从商业银行等其他金融机构获得资金来源，以满足其资金需求，而不是依赖于补贴或援助，从而形成良性循环。

近年来，由于各地区小额信贷机构开始快速发展，其经营模式在世界范围内获得了肯定，各地纷纷成立小额信贷机构，机构数量的迅速增加，贷款业务急剧增长带动了研究理论的增加，大量小额信贷机构的经营数据对于其经营效率及其影响因素方面实证研究也日益增多。Lafourcade 等

（2005）采用成本分析法，衡量非洲163家小额信贷机构经营效率，研究发现非洲的小额信贷机构在制度与模式上进行了创新，同时，其客户数量及存款数量增长可观，与全球其他地区的小额信贷机构相比更有效率，这表现在小额信贷机构服务的客户数量和吸纳的存款数量等方面。尽管研究结果表明非洲的小额信贷机构在财务绩效上落后世界上的其他地区，但是其小额信贷机构的增长速度很是可观，制度与模式上的创新为客户提供了多样化的选择。Qayyum和Ahmad（2006）调查统计了巴基斯坦、印度及孟加拉国的小额信贷机构，运用DEA模型从投入和产出的角度，分别对固定规模报酬和可变规模报酬两种情况下的小额信贷机构进行研究。研究表明，技术效率偏低是导致这三个国家小额信贷机构效率低下的主要原因，但其小额信贷机构的增长速度很快，在制度与模式上进行了创新，为其服务的客户提供了多种多样的选择。Gonzalez（2007）利用84个国家的1003家小额信贷机构1999~2006年的财务数据对小额信贷机构成本的潜在要素进行了探讨，研究发现影响小额信贷机构成本的主要因素是贷款规模、贷款利率及贷款期限。Bassem（2008）采用规模不变和规模可变两种模型，分析了地中海国家小额信贷机构的其运营效率。通过测算分析，随着经营规模的扩大，小额信贷机构效率反而降低，效率较高的小额信贷机构不是那些较大规模，而往往是中等规模。Hassan等（2009）运用曼奎斯特Malmquist-DEA模型，用中介法和生产法两种计算方法计算了南非、南亚、拉丁美洲和中东小额等214家信贷机构的三类效率。研究发现，不正规的小额信贷机构的综合效率、规模效率和纯技术效率相对于正规金融机构而言比较低，纯技术效率低下导致了非正规小额信贷机构的效率不高；同时，社会认知度、信用度也是其影响因素。Caudill等（2009）通过多种DEA模型测算了中亚和东欧的小额信贷机构的经营数据，测算结果表明随着小额信贷机构的运行时间的增加而其操作成本降低，对于那些可以吸收较多存款或者获得较少补贴的小额信贷机构，随着时间推移运营效率会更加有效。Servin 等（2012）采用 SFA（Stochastic Frontier Analysis，随机前沿分析）方法测算出了 2003~2009 年拉丁美洲各个国家小额信贷机构的综合效率，结果表明，非政府组织与合作社的综合效率比银行和非银行金融机构的综合效率要低。Guitierez-Nieto 等（2010）认为小额信贷机构应该以妇女和穷人为金融服务主体，应用 DEA 结合 ANOVA 分析方法，对亚洲、非洲、拉丁美洲、东欧地区 460 个小额信贷机构的社会效率与财务效率进行比较，得出地理因素、机构类型会影响二者效率高低。

国外关于小额信贷机构的研究文献中，学者大都将重点放在了机构效率、经营成本、区域覆盖程度，通过 DEA 模型和混合模型进行测算，侧重于对机构效率高低评价，以及效率的影响因素的分析等方面。综合吸收以上国外的研究经验，利用 DEA 方法研究小额贷款公司的经营效率是比较有效的。

二、国内研究现状

我国的小额信贷机构出现较晚，发展相对较慢。在借鉴国外经验的基础上，国内研究主要涉及机构的类型、可持续发展，生存现状的瓶颈等问题，但相对于国外较早就开始实证分析小额信贷机构的效率，我国的相关研究起步较晚，研究成果不够深入、系统。

杜晓山（1994）介绍了格莱珉银行的运作模式和成功经验，并结合中国的国情得出该模式能在我国推广试行的结论，认为小额信贷能一定程度上解决中国贫困人口问题。林毅夫、李永军（2001）认为，我国的金融体制是以高度集中的大银行为主，而面向农业、中小企业融资的金融机构却存在缺失，金融体系的不完善与缺失是造成我国农村地区资金供需矛盾、中小企业融资困难的根本原因，所以大力发展和完善以农民、中小企业为服务对象的微型非正规的金融服务机构是解决中小企业融资困难的根本途径。张捷（2002）指出，由于农业受自然因素影响较大，资金供求双方存在着信息不透明和信息不对称，造成农村金融资本融资的困难，而中小金融机构可以在贷款环节上更富简单、更有效率，因此，在关系贷款上比传统金融机构更有效地解决这些问题。胡恩同（2005）利用新古典模型发现价格歧视也会导致信贷配给，认为小额贷款模式可以相对有效地解决这一问题，并理论上证明了在我国建立小贷公司可以很好地解决中小企业融资难的问题。黄文胜、陶建平（2009）认为，目前农村金融边缘化日趋严重，在农村信用改革中没有解决农村贷款难的问题，反而出现了"脱农化"趋势，要满足农业和农村发展的金融需求，必须从制度上进行创新，小额贷款公司作为农村新型金融机构，对构建普惠金融体系起到了重要作用。由此，小额贷款公司试点工作开始推进，随着机构数量和业务规模不断增长，在其经营中也出现了许多困境，比如后续融资不足、经营成本过高问题，导致部分小额贷款公司对农户和小微企业的支持积极性不高，甚至部分小额贷款公司将资金转入利润率较高的房地产市场、高利贷市场，严重偏离了小额贷款公司的设立目标。汤敏（2003）、茅于轼（2006）发现小额贷款公司只贷不存的属性与商业模式之间的矛盾，认为资金的融通瓶颈是制约其发展的主要问题。邱俊如（2011）从资金来源、税费成本、利率控制、改制退市等多方面分析当前小额贷款公司经营面临的困境，指出小额贷款公司的运作模式实质是投资公司，资金使用成本过高，并指出专业贷款公司是比较切实可行的发展方向。邱蕾蕾、李麟（2014）在公司治理的角度下，调查统计了安徽省小额贷款公司2010~2012年的面板数据，应用随机效应估计模型实证分析公司治理对小额贷款公司效率的影响。结果表明，公司治理对小额贷款公司的财务可持续性影响较大，对覆盖力的影响相对较小，只有公司规模和CEO/董事会主席的二元性两个因素对其有显著影响独立董事比例、女性董事、外部审计等与财务可持续性呈显著正相关，董事会规模也具有显著正向的影响。

上述研究中的重点在于从宏观上分析小额贷款公司发展过程中面临的障碍，着重从小额贷款公司的机构性质、融资渠道、利率及政策环境等方面进行了分析，对影响我国的小额贷款公司发展的有利条件和制约因素做了许多研究，同时从政策、法律、小额贷款公司风险控制与经营方面提出了相应的合理化建议，对小额贷款公司维持其自身的生存和发展、建设多层次金融体系有重要影响。

近年来，国内关于小额信贷的研究也已经有了不少成果。学者们逐渐把研究重点聚焦到小额贷款公司内部治理和经营效率上，但以机构本身经营效率为视角的研究还不够充分。在早期，国内大部分学者致力于研究全国地区间的效率差异。何广文、杨虎峰（2011）采用DEA方法分析我国东部、中部、西部42家2010年小额贷款公司生产效率，研究发现，小额贷款公司的整体效率水平较高，各区域效率差异并不明显，对于低效率的小额贷款公司，其低效率主要是纯技术效率较低，说明小额贷款公司经营管理水平不完善会导致小额贷款公司的投入要素使用率较低。成立时间较长的小额贷款公司技术效率、规模效率较高。

游龙等（2013）利用DEA方法，分析陕西36家小额贷款公司运行效率值，从陕北和关中地区的比较中得出，需要提高小额贷款公司的规模效率，调整贷款结构，加大支农力度，走差异化道路以维持其可持续发展。董晓林、高瑾（2014）以江苏227家农村小额贷款公司为研究对象，运用含有不良贷款作为"非期望"产出的 DEA 模型评估小额贷款公司运营效率,并采用 Tobit 模型实证分析小额贷款公司运营效率的影响因素。

章晟、付余(2014)分别对中部边远地区的城区与县域、发达与欠发达地区的小额贷款公司效率进行比较分析。研究结果表明:中部边远地区小额贷款公司整体效率普遍较高;由于城市、发达地区比县域和欠发达地区经济水平高资金充足,小额贷款公司的综合效率、纯技术效率和规模效率水平明显要高于县域、欠发达地区。

周爱民、吕坤(2015)应用超效率 DEA 模型对我国东部、东北部、西部、中部四个区域近30个省份的小额贷款公司 2010 年第四季度至 2014 年第一季度的经营效率进行了测度,结合环境理论研究了市场环境、经济资源环境、科技信息环境、政策环境 4 个因素的区域差异对经营效率的影响。结果表明,我国小额贷款公司经营效率区域差异明显,但呈逐步缩小的态势。近些年来,开始出现了省域小额贷款公司的研究。耿欣、冯波(2015)以山东小额贷款公司为例,对小额贷款公司的运营与可持续发展情况进行探讨。山东小贷公司虽然在一定程度上服务了弱势群体,但也出现了比较明显的使命漂移现象。关于省域小额贷款公司的文献大多数集中在东部沿海经济发达省市,河北小额贷款公司规模已在全国排名第 3 位,至今还没有研究该省小额贷款公司经营效率的文献。这些研究运用对比分析较多,以相关关系分析为主,对机构效率研究取得了一定成果。这些研究主要针对农信社小额信贷和小额信贷公司业务的效率,对机构本身的效率涉及不多;并且这些研究数量有限,无法从理论层面满足小额贷款公司效率改进的要求。

由此看出,在研究方法上数据包络分析法逐渐受到重视并开始推广开来,国外对小额信贷机构经营效率的研究较为深入、全面,国内虽然也采用类似方法进行研究，但大多采用固定规模报酬的 CRS 模型。本章认为从中国小额贷款公司的实情出发，着重开展对小额贷款公司的经营效率进行研究，基于河北小额贷款公司的经营有关数据为基础，借鉴国外研究方法与经验，采用 DEA-VRS 模型与 Malmquist 生产率指数动态评价相结合的方法开展对河北各地市小额贷款公司的经营效率的研究，在分析过程中，本章着重从时间序列上纵向分析，区域间差异横向分析两个方向对小额贷款公司的整体效率高低和全要素生产率变化的趋势情况进行分析，并探讨了影响因素的构成因子，以便弥补现有研究文献中研究层面单一的不足。

第三节　小额贷款公司经营效率的研究方法及模型

一、经营效率测度的 DEA 模型

（一）非参数效率静态分析

DEA 方法属于一种应用广泛的非参数法。所谓非参数方法是利用统计上的线性规划与对偶原理来计算决策样本的投入、产出指标的相对生产前沿面帕累托最优的效率值，由此来评价各决策样本的效率水平，它无须预先确定同一类型企业或机构的生产（成本）函数形式，可利用多种不同的指标（投入、产出）来评价不同的决策单元，而且允许在一定时期内效率可以变动，不要求对所有研究样本的数据做无效率分布假设，具有比较强的客观性，且对样本量要求不高，实际分析起来有较强的操作性、实施性。DEA 模型适用于同一类型的组织在多投入多产出情况下，测算 DMU（决策单元）的相对效率，从而进行机构的效率评价，是评价金融机构运行效率的主流方法之一。这种相对效率的评估方法将数学线性规划模型放到金融问题中，进而利用数学规划模型求出决策单元之间的相对效率，通过相对效率之间的差异来进行效率评价，通常使用的有 C^2R（CRS-DEA）模型和 BC^2（VRS-DEA）模型。

CCR 模型是 1978 年 Charnes、Cooper 和 Rhodes 创立的第一个 DEA 模型，CCR 模型假设是规模收益不变，其包括投入导向 CCR 模型和产出导向 CCR 模型。投入导向即决策单元格产出一定时，最小的投入量；产出导向是决策单元格投入一定时，产出的最大量。下面分析产出导向的 CCR 模型的基本原理。

假设我们要测量 n 个 DMU（决策单元格）的技术效率，记为 DMU_j（$j = 1, 2, \cdots, n$）；每个决策单元格有 m 种投入，记为 x_i（$i = 1, 2, \cdots, m$），投入的权重表示为 v_i（$i = 1, 2, \cdots, m$）；q 种产出，记为 y_r（$r = 1, 2, \cdots, q$），投入的权重表示为 u_r（$r = 1, 2, \cdots, q$）。当前要测量的决策单元格记为 DMU_k，其投入产出比表示为：

$$h_k = \sum_{r=1}^{q} u_r y_{rk} / \sum_{i=1}^{m} v_i x_{ik}, \quad v \geqslant 0; \quad u \geqslant 0$$

并且 $h_k \leqslant 1$，因此基于规模收益不变，其规划模型表示为：

$$\max \quad \sum_{r=1}^{q} u_r y_{rk} / \sum_{i=1}^{m} v_i x_{ik}$$

$$\text{s.t.} \quad \sum_{r=1}^{q} u_r y_{rj} / \sum_{i=1}^{m} v_i x_{ij} \leqslant 1, \quad u \geqslant 0; \quad v \geqslant 0$$

这一非线性规划模型的含义在于，在使所有 DMU 的效率值都不超过 1 的条件下，使被评价 DMU 的效率值最大化，因此模型确定的权重 u 和 v

是对被评价 DMU$_k$ 最有利的。

上述所示的 CCR 模型存在的问题是它是非线性规划，并且存在无穷多个最优解。当 u 和 v 是方程的最优解时，tu 和 tv 也是上述方程的最优解。因此令 μ = tu，ϑ = tv，则产出导向的 CCR 模型的规划式在上述模型中加入投入的约束方程，即表示为：

$$\min \quad \sum_{i=1}^{m} \vartheta_i x_{ik}$$

$$\text{s.t.} \quad \sum_{r=1}^{q} \mu_r y_{rj} - \sum_{i=1}^{m} \vartheta_i x_{ij} \leq 0$$

$$\sum_{r=1}^{q} \mu_r y_{rk} = 1, \quad u \geq 0; \quad v \geq 0$$

其对偶模型为：

$$\max \quad \varphi$$

$$\text{s.t.} \quad \sum_{j=1}^{n} \lambda_j x_{ij} \leq x_{ik}$$

$$\sum_{j=1}^{n} \lambda_j y_{ij} \leq \varphi y_{rk}, \quad \lambda \geq 0$$

对偶模型中，λ 表示 DMU 的线性组合系数，模型的最优解 λ* 代表效率值，且其范围为大于 0 小于等于 1。

$x = \sum_{j=1}^{n} \lambda_j x_{ij}$，$y = \sum_{j=1}^{n} \lambda_j y_{ij}$ 可以看作是一个虚拟的决策单元格，其投入不高于 DMU$_k$，产出不低于 DMU$_k$ 的产出。如果 DMU$_k$ 处于无效率状态，则构建的虚拟的 DMU 就是被评价 DMU$_k$ 的目标值。

上述对偶模型是以投入既定的条件下，各项产出可以等比例增长的程度来对无效率的状况进行衡量，因此被称为产出导向的 CCR 模型。模型的最优解 φ^*。在当前技术水平下，被评价 DMU$_k$ 在不增加投入的条件下，其产出能够增长的最大比例为 $\varphi^* - 1$。φ^* 越大，表示产出可以增长的幅度越大，效率越低。由于 $\varphi^* \geq 1$，所以一般采用 $\frac{1}{\varphi}$ 表示效率值。

CCR 模型的前提假设是生产企业的生产规模报酬不变，或者虽然规模报酬可变，但假设所有被评价决策单元格均处于最优的生产前沿面上即利用投入要素获得的产出达到最佳水平。但是在实际的生产经营中，大量的生产企业并没有处在最优的生产前沿面上。因此，1984 年 Banker、Charnes 和 Cooper 提出了估计规模效率的 BCC 模型。

BCC 模型是在 CCR 对偶模型的基础上增加了约束条件 $\sum_{j=1}^{n} \lambda_i = 1$（$\lambda \geq 0$）构成的，其作用是使投影点的生产规模与被评价的决策单元格的生产规模处于同一水平。

产出导向 BCC 模型的规划式为：

max Φ

s.t. $\sum_{j=1}^{n} \lambda_j x_{ij} \leq x_{ik}$

$\sum_{j=1}^{n} \lambda_j y_{ij} \leq \Phi y_{rk}$

$\sum_{j=1}^{n} \lambda_i = 1, \quad \lambda \geq 0$

其对偶规划式为：

min $\sum_{i=1}^{m} \vartheta_i x_{ik} + \vartheta_0$

s.t. $\sum_{r=1}^{q} \mu_r y_{rj} - \sum_{i=1}^{m} \vartheta_i x_{ij} - \vartheta_0 \leq 0$

$\sum_{r=1}^{q} \mu_r y_{rk} = 1, \quad \mu \geq 0; \quad v \geq 0; \quad \vartheta_0$ 为自由变量

（二）动态效率分析

DEA 模型即数据包络分析模型中 CCR 模型和 BCC 模型运用较普遍，但当加入时间因素时，会形成各期生产前沿面不同，使得各期无法纵向比较，即 CCR 模型和 BCC 模型只能适用于截面数据来横向对比评价单元的效率。Malmquist 指数可以有效弥补以上研究方法的缺陷，是计算全要素生

产率非常有效的方法，它可以进行横向比较，也可以对同一评价单元的效率进行纵向比较来反映效率的时序变化趋势。上述两种基本的 DEA 模型都是基于技术效率的概念，针对某一时间的生产技术而言的。但生产是一个长期的连续的过程，在这一过程中，生产技术本身是在发生变化的。因此，当被评价决策单元格的数据包括多个时间点观测值的面板数据时，就可以对生产率的变动情况、技术效率和技术进步各自对生产率变动所起的作用进行分析，这是常用的 Malmquist 全要素生产率（TFP）指数分析。

20 世纪 80 年代，Malmquist 生产率指数是由 Caves 等引入距离函数构建出用于测量全要素生产率变化情况的指数。从时间上，它可以对同一类决策单元的效率进行纵向比较以呈现出效率的变化趋势；从决策单元中进行横向比较，反映出各决策单元的差异性，是计算全要素生产率的一种有效方法。因此，运用 DEA 的 Malmquist 生产率指数来衡量小额贷款公司的全要素生产率值。

Malmquist 生产率指数的概念最早源于 Malmquist（1953），因此将这一类指数命名为 Malmquist 指数。后来人们将该指数与数据包络分析法相结合，并将 Malmquist 指数分解为两方面变化：一是被评价决策单元格在两个时期内的技术效率的变化（TEC），二是生产技术的变化（TC）。参考不同前沿得出的生产效率值是不同的，因此，Malmquist 模型又可分为相邻参比 Malmquist 指数、固定参比 Malmquist 模型、全局参比 Malmquist 模型、序列参比 Malmquist 模型、窗口参比 Malmquist 模型；等等。

本章主要阐述相邻前沿交叉参比的 Malmquist 指数，即两个 Malmquist 指数的几何平均值。在分析被评价决策单元格在两个时期的生产率变化时，需要参考生产前沿得出两个时期的生产效率。现有两个生产前沿可用，分别为时期 t 的生产前沿和时期 t+1 的生产前沿，参考不同的前沿得出的生产效率值是不同的。

参考前沿 t，K 的 Malmquist 生产率指数为：

$$M_t = \frac{E^t(x^{t+1}, \ y^{t+1})}{E^t(x^t, \ y^t)}$$

参考前沿 t+1，K 的 Malmquist 生产率指数为：

$$M_{t+1} = \frac{E^{t+1}(x^{t+1}, \ y^{t+1})}{E^{t+1}(x^t, \ y^t)}$$

那么从 t 到 t+1 的 Malmquist 指数表示为：

$$M(x^{t+1}, \ y^{t+1}, \ x^t, \ y^t) = \sqrt{\frac{E^t(x^{t+1}, \ y^{t+1})}{E^t(x^t, \ y^t)} \frac{E^{t+1}(x^{t+1}, \ y^{t+1})}{E^{t+1}(x^t, \ y^t)}}$$

在 Malmquist 指数公式中，分离出技术效率变化公式为：

$$TEC = \frac{E^{t+1}(x^{t+1}, \ y^{t+1})}{E^t(x^t, \ y^t)}$$

并且前沿 t+1 与前沿 t 相比向前移动情况可由 $\dfrac{E^t(x^t, \ y^t)}{E^{t+1}(x^t, \ y^t)}$ 和 $\dfrac{E^t(x^{t+1}, \ y^{t+1})}{E^{t+1}(x^{t+1}, \ y^{t+1})}$

反映，比值大于 1 表示前沿前移，小于 1 表示前沿后移，前沿的前移代表着技术进步。并用其几何值作为技术的变化：

$$TC = \sqrt{\frac{E^t(x^t, \ y^s)}{E^{t+1}(x^t, \ y^t)} \frac{E^t(x^{t+1}, \ y^{t+1})}{E^{t+1}(x^{t+1}, \ y^{t+1})}}$$

由此 Malmquist 指数可分解为技术效率变化和技术变化两部分。

$$M = TEC \times TC = \frac{E^{t+1}(x^{t+1}, \ y^{t+1})}{E^t(x^t, \ y^t)} \sqrt{\frac{E^t(x^t, \ y^t)}{E^{t+1}(x^t, \ y^t)} \frac{E^t(x^{t+1}, \ y^{t+1})}{E^{t+1}(x^{t+1}, \ y^{t+1})}}$$

因为在规模报酬可变的情况下，效率变化 $effch = \dfrac{d_i^t(q_t, \ x_t)}{d_i^s(q_s, \ x_s)}$，效率等于纯技术效率与规模效率的乘积，因此技术效率变化 effch 可分解为：

$$effch = \frac{d_{iv}^t(q_t, \ x_t)}{d_{iv}^s(q_s, \ x_s)} \left[\frac{d_{iv}^s(q_s, \ x_s)}{d_{iv}^s(q_s, \ x_s)} \times \frac{d_{iv}^t(q_t, \ x_t)}{d_{iv}^t(q_t, \ x_t)} \right] = pech \times sech$$

技术进步 techch = $\left[\dfrac{d_i^s(q_t, x_t)}{d_i^s(q_s, x_s)} \times \dfrac{d_i^t(q_t, x_t)}{d_i^t(q_s, x_s)}\right]^{1/2}$

由此得到：tfpch = techch × effch = techch × sech × techch

即全要素生产率变化指数 = 技术变化指数 × 技术效率变化指数 =

技术变化指数 × 规模变化指数 × 纯技术效率变化指数

在计算结果中，若任意指标值大于 1，则表示该指标在时期内得到改进或提高；若等于 1 表示不变；若小于 1，表示该指标在时期内得到退步或降低。

（三）模型导向的选择

按照对效率的测量方式，DEA 模型在计算相对效率值时可分为以投入为主导、以产出为主导和非导向。以投入为主导模型是从投入的角度对待评价的决策单元的相对效率值进行测量，即在产出一定时，要达到技术有效，需用投入指标值去计算各项投入应该减少的程度（相对效率值）；以投入为主导模型即在投入一定时，从产出角度对决策单元相对效率程度进行测量，关注的是在不增加投入的情况下，要达到技术有效各项产出应该增加的程度；非导向模型则是同时从投入和产出两个方面进行测量。

模型导向的选择主要取决于分析的目的。从管理角度考虑，如果把减少投入作为对无效率单位提高效率的主要途径，则应选取投入导向模型；如果把增加产出作为提高无效率单元的主要途径，则应选取产出导向模型。导向的选择应与研究的内容与目标紧密相连，否则会导致实际指导意义不足。

二、方法选择与研究设计

为解决农村地区银行业金融机构网点覆盖率低、金融供给不足、竞争不充分、非正规金融监管难等问题，我国大力推动小额贷款机构的发展。小额贷款公司自 2005 年底开始试点以来，发展很快。但从 2015 年第三季度开始，贷款余额已连续两个季度负增长；2015 年末，全国小额贷款公司有 8910 家，比上一季度的 8965 家减少了 55 家，全国小额贷款公司机构数量也第一次出现了负增长。小额贷款公司长期存在融资渠道不畅、工作人员素质偏低、政策目标偏移、经营风险过大等问题，是否真正有效地解决了以往正规金融机构难以覆盖弱势群体的资金需求问题尚存在不少争论。

截至 2015 年底，河北有 480 家，在全国 31 个省（市）中排名第 3①。河北小额贷款公司的发展趋势和全国大致一致，是全国小额贷款公司发展的缩影。同时，河北小额贷款公司的相关数据可获得性较强。因此，本章以河北 11 地市为例，运用 DEA 方法和 Malmquist 全要素生产率指数对小额贷款公司的经营效率与全要素生产率进行了测算。以河北下属各地市小额贷款公司运行情况为决策单元，首先运用 VRS-DEA 模型对河北内部各地区间小额贷款公司的三类效率进行测算；其次用 DEA-Malmquist 模型得到小额贷款公司各年度与各地市的全要素生产率值，并对其分解得到全要素生产率的构成因子。时间上纵向比较整体全要素生产力的趋势情况，地域上横向比较分析各地市间的效率差异，以各地市小额贷款公司全要素生产率 6 年来的几何平均值来反映河北整体全要素生产率值，进一步分析全要素生产率值变化（tfpch）、技术效率变化（effch）及其分解项规模效率变化（sech）和纯技术效率变化（pech）、技术进步变化（techch）5 个指标的趋势情况，结合实际情况分析其中所呈现的经济意义。

对多投入和多产出的综合评价是 DEA 方法测算决策单元效率的优势。

① 本部分数据整理自中国人民银行网站历次《小额贷款公司分地区情况统计表》。

但是我们在实际运用 DEA 模型中，需要满足一定条件后，才能确保模型的有效性：①决策单元数量要足够多。决策单元数量越多，其计算结果越准确。一般决策单元数量要不少于投入指标与产出指标数目的乘积。②投入指标与产出指标之间还必须满足"同向性、代表性、完备性和可操作性"。同向性是指产出的变化方向与投入的变化方向趋向一致，如当增加投入量时，产出量也随之增加。③各小额贷款公司的投入与产出应该满足经济学理论中的规模报酬规律，即当规模报酬递增时产出增加的比例比投入增加的比例更大，规模报酬递减则反之。

运用 DEA 模型对效率进行测算，投入产出指标的选取是否合理、是否具有代表性是影响决策单元效率值是否准确的关键。参考已有文献中的指标选择，将投入指标设定为员工数量、注册资本，产出指标设定为贷款余额、营业收入净利润。

第四节　实证分析结果

一、河北小额贷款公司 2009~2014 年经营效率的测算及分析

为了更加全面地评价河北小额贷款公司的经营效率，以 2009~2014 年河北小额贷款公司作为决策单元，将每年的投入产出指标代入 VRS–DEA 模型与 DEA–Malquist 模型中，分别得到各年度的小额贷款公司效率的评价结果及其 Malquist 生产率指数，并将它们进行纵向趋势分析。运用 DEAP2.1 对上述数据进行分析，相关指标具体数据见表 5–1、图 5–3。

表 5-1　2009~2014 年河北小额贷款公司三类效率评价结果

年份	TE 技术效率	PTE 纯技术效率	SE 规模效率	规模效应
2009	0.982	1.000	0.982	irs
2010	0.968	1.000	0.968	irs
2011	1.000	1.000	1.000	—
2012	1.000	1.000	1.000	—
2013	0.980	0.980	0.999	irs
2014	1.000	1.000	1.000	—
平均值	0.988	0.997	0.992	

注：irs 表示规模报酬递增，drs 表示规模报酬递减，—表示规模报酬不变。

（一）DEA 分析

效率评价指标值 β 在 0~1，效率值 β 越大效率越高，则说明小额贷款公司产出投入比越大，投入转化产出的效率就越高。由表 5-1 可以得出，河北的小额贷款公司在 2011 年、2012 年、2014 年技术效率为 1，DEA 有效。说明小额贷款公司在这三年发展较好，生产要素转化产出的效率较高。在这六年的数据中，纯技术效率几乎都为 1，说明小额贷款公司的人力资源、资本的利用率比较高，使得其业绩发展较快；规模效率只有三年的效率值达到 1，这说明河北小额贷款公司的发展规模还有提高的空间，经营规模还没有达到最佳状态。

从图 5-3 可以看出河北小额贷款公司 2009~2014 年三类效率（技术效率、纯技术效率、规模效率）的趋势变化情况。根据效率数值的波动变化可以看出，河北小额贷款公司的效率值比较稳定，几乎为 1，效率值较高，说明小额贷款公司发展平稳有序，处于一个良好的发展过程。规模效率指标值在 2010 年触底后大幅度增长，这是因为 2010 年 6 月 20 日，河北人民政府出台了省内小额贷款公司的试点文件，对小额贷款公司的设立、经营范围、监管等方面作了规定，有利政策的施行促进了小额贷款公司规模的扩大。纯技术效率指标值在 2013 年有一定幅度的下降，到 2014 年纯技术效率值为 1，这是因为 2013 年国务院办公厅发布相关文件，对经济结构进行调整和转型升级，我国进入"新常态"，经济增速有所放缓，小额贷款公司的业务必然受到国家经济环境的影响，但政策的实施，整合金融资源支持小微企业发展，促进了小额贷款公司的发展，使得纯技术效率 DEA 有效。

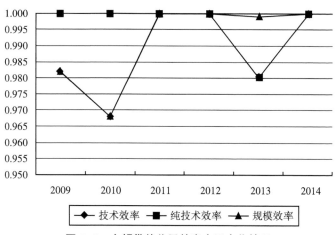

图 5-3 小额贷款公司效率水平变化情况

（二）Malmquist 生产率指数分析

通过分类求各指数的几何平均值可以得出 2009~2014 年 Malmquist 生产率指数及其分解（见表 5-2），反映了小额贷款公司的总体生产力情况与趋势变化情况（见图 5-4）。

表 5-2 各年小额贷款公司平均全要素生产率变化指数及其分解

年度	effch	techch	pech	sech	tfpch
2009~2010	1.005	1.303	0.964	1.043	1.310
2010~2011	0.975	1.062	1.021	0.956	1.036
2011~2012	1.163	1.075	1.088	1.069	1.250
2012~2013	1.010	0.962	1.023	0.988	0.971
2013~2014	0.953	1.042	0.907	1.051	0.933
平均值	1.019	1.083	0.999	1.020	1.103

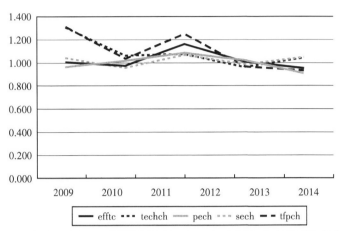

图 5-4　2009~2014 年小额贷款公司 Malmquist 指数值及分解项趋势分析

从表 5-2 可以发现，第一，整体而言河北小额贷款公司 2009~2014 年，全要素生产率 Malmquist 指数平均值为 1.103，全要素生产率表现有所提高，但从图 5-4 可以看出，全要素生产率呈震荡下降的趋势。主要原因是：2009~2013 年的 Malmquist 指数值均大于 1 意味着这 4 年来全要素生产率有所改进，主要是得益于增加技术投入获得了技术的进步；而在其他年份中，Malmquist 指数值均小于 1 且呈现下降趋势。第二，从 Malmquist 指数的分解项来看，造成小额贷款公司全要素生产率下降的主要原因是技术的退步和纯技术效率的降低。在 2012~2013 年，5 个指标值中只有 techch 值小于 1，意味着技术的退步；在 2013~2014 年全要素生产率 Malmquist 指数小于 1，这是由技术效率和纯技术效率的降低引起的，而导致技术效率小幅度下降的主要原因则是纯技术效率的降低。因此，最终来说导致河北小额贷款公司 Malmquist 指数值下降的原因是技术退步以及纯技术效率的降低。

从趋势图 5-4 可以看出，河北小额贷款公司全要素生产率的 Malmquist 指数在 2009~2014 年呈较为明显的波动且呈现出总体下降的趋势。变动原因主要有：从外部环境看，2010年河北开始普遍推广小额贷款公司，设立之初就从金融危机中吸取了教训，对设立标准、经营范围等进行了严格的规定，小额贷款公司整体全要素生产率Malmquist指数较高，总体生产力得到了改善，但由于扩张迅速，纯技术效率相对较低，影响了总体生产力的进一步提高。

2010~2011年，尽管小额贷款公司全要素生产率Malmquist指数大于1，但出现了较大幅度的降低。这是因为试点期间出现了经营不规范和盲目投资行为等不良经营的现象，随后河北实行了"不得吸收社会存款、不得非法集资、不得暴力收贷、不得放高利贷"四条高压线为关键点的审慎监管，取缔了相关涉事的小额贷款公司，规模效率带来的效益有所降低，规模效率的下降导致总体生产力的降低。

2011~2012年，在省级以上开发区（园区）和工业聚集区中，河北在全国率先开展了科技小额贷款公司试点，之后对在贫困县和贫困地区设立的小额贷款公司给予税收、财政补贴、利率等相关优惠政策，以改善贫困地区的金融环境，由于政策的激励，小额贷款公司得到了支持与推进，促使规模效率的上升，从业管理人员信心大增，加强管理，使得Malmquist指数得到回升，改善了总体生产力。

2012~2014年，小额贷款公司经过几年的蓬勃发展，开始暴露出一些问题："只贷不存"的融资瓶颈，银行的高融资成本，转制为村镇银行的门槛高等问题难以解决，制约了小额贷款公司的发展，因而造成这两年小额贷款公司Malmquist指数小于1。

由2010~2014年小额贷款公司Malmquist指数及分解项趋势分析，可以看出小额贷款公司发展具有脆弱性，全要素生产力的变化呈现波动性与不稳定性，其原因很大程度上与国家政策、地方政府的扶持政策及其经济发展有关。小额贷款公司的总体全要素生产力表现下降趋势,其主要影响因素是技术进步的限制和纯技术效率低下。这说明小额贷款公司技术投入落后、管理方面还存在短板,最终导致了全要素生产力的降低,其经营受到威胁。

二、河北内各地市小额贷款公司经营效率差异分析

为了进一步研究河北各地市小额贷款公司的经营效率在地区间是否具有差异化现象,选取各地市小额贷款公司作为决策单元,设定规模报酬可变,采用投入主导的 VRS-DEA 模型与 DEA-Malmquist 模型,测算出各地市的小额贷款公司的效率值及 Malmquist 生产率指数。

通过表 5-3 可以发现,河北各地市小额贷款公司的整体经营效率较高,但部分城市也存在着低效率的情况。各地市技术效率的平均值为 0.902,均处于高水平状态。DEA 有效的有 3 个城市,分别是石家庄、承德、邢台,说明这 3 个城市的小额贷款公司的经营效率水平比较高,业绩发展得比较好,将生产要素转化成产出的能力较强。张家口、廊坊、保定、沧州、衡水、邯郸 6 个城市技术效率次之,技术效率值在 0.8~1。小额贷款公司经营效率较低的是秦皇岛、唐山,技术效率值分别为 0.768、0.767。由此看出各地市的小额贷款公司自身经营管理效率差异较为明显,效率最低的唐山为 0.767,其经营管理者应加强内部自身的管理。技术效率指标值低下说明秦皇岛、唐山的小额贷款公司的经营效率未得到充分发挥,小额贷款公司在促进经济发展中的作用有限。

当生产前沿在规模报酬可变时,纯技术效率是最优投入与实际投入的比值。它反映的是小额贷款公司内部经营与运作管理能力的指标,是其自身运营能力的直接表现。该值在较低水平时,小额贷款公司的经营管理者

需要关注当前的运营情况，以便及时改善。各地市的纯技术效率平均值为0.951，小额贷款公司纯技术效率值为1的城市有3个：石家庄、承德、邢台，表明这3个城市的小额贷款公司都位于最佳生产前沿面上。表5-3中，在河北11个城市中，小额贷款公司的纯技术效率不小于规模效率的城市占7个，表明当前河北的小额贷款公司有较高的整体经营效率，与现实的发展情况相拟合。这说明小额贷款公司的人力投入、注册资本等资源的利用较为充足，使得纯技术效率较高，带来规模效率的提高。

将技术效率值与纯技术效率值作对比，就得到了规模效率的值。就其规模效率的区域情况来看，石家庄、承德、邢台3个城市的小额贷款公司的规模效率为1，表明3个城市的小额贷款公司处于规模报酬不变的阶段；各地市的平均值为0.950，处于较高水平。在河北的11个地级市中，几乎所有的规模效率指标值都在0.9附近或者以上，说明各地市的小额贷款公司的运营规模已基本达到最优状态。廊坊和沧州的小额贷款公司处于规模报酬递减状态，其他城市处于规模报酬递增的状态。

表5-3 各地市小额贷款公司的经营效率情况

序号	城市	技术效率	纯技术效率	规模效率	规模效应
1	石家庄	1.000	1.000	1.000	—
2	张家口	0.807	0.807	0.928	irs
3	承德	1.000	1.000	1.000	—
4	秦皇岛	0.768	1.000	0.768	irs
5	唐山	0.767	0.784	0.979	irs
6	廊坊	0.999	1.000	0.999	drs
7	保定	0.926	0.932	0.994	irs
8	沧州	0.872	0.894	0.975	drs
9	衡水	0.862	1.000	0.862	irs
10	邢台	1.000	1.000	1.000	—
11	邯郸	0.922	0.977	0.944	irs
	平均值	0.902	0.951	0.950	

注：irs 表示规模报酬递增，drs 表示规模报酬递减，—表示规模报酬不变。

从河北各地市小额贷款公司平均全要素生产率变化指数及其分解来看（表5-4），各地市小额贷款公司的Malmquist生产率指数差异不大，基本上都大于1，只有廊坊小额贷款公司的Malmquist生产率指数略小于1，技术效率变化、纯技术效率变化和规模效率变化均小于1，只有由于技术进步导致的技术效率变化指数大于1，最终使得全要素生产率下降幅度减缓，因此纯技术效率和规模效率对机构全要素生产力产生主要的阻碍作用，技术投入的增加促进了全要素生产力发展。石家庄、张家口Malmquist生产率指数大于1但由于规模效率变化的制约，阻碍了全要素生产力产生促进作用；其在张家口市表现尤为明显，技术革新对全要素生产率的提高起促进作用，抵消了管理不善、低效的负面影响，最终Malmquist生产率指数大于1，促进了全要素生产率的提高。其余8个城市中，秦皇岛、保定、邯郸是因反映管理等因素的纯技术效率变化指数小于1，导致技术效率的降低影响Malmquist生产率的增长，其他城市则指标发展良好。

表5-4　各地市小额贷款公司平均全要素生产率变化指数及其分解

地市	effch	techch	pech	sech	tfpch
石家庄	1.075	1.023	1.083	0.993	1.100
张家口	0.956	1.114	0.959	0.997	1.066
承德	1.000	1.103	1.000	1.000	1.103
秦皇岛	1.132	1.090	0.959	1.181	1.234
唐山	1.010	1.078	1.000	1.010	1.090
廊坊	0.957	1.035	0.958	0.999	0.991
保定	0.978	1.116	0.949	1.031	1.091
沧州	1.000	1.144	1.000	1.000	1.144
衡水	1.133	1.038	1.106	1.025	1.176
邢台	1.000	1.105	1.000	1.000	1.105
邯郸	0.983	1.075	0.983	1.001	1.057
平均值	1.019	1.083	0.999	1.020	1.103

三、结论

本章以河北及其下属 11 地市小额贷款公司为研究对象，运用 VRS-DEA 模型及 Malmquist 生产率指数对河北各地区间小额贷款公司的经营效率进行了实证分析与评价。将各地区的小额贷款公司进行横向比较，分析各地区小额贷款公司之间效率差异状况。研究表明：河北各地市之间小额贷款公司的全要素生产率总体呈现波动下降的趋势，全要素生产力长期来看有待提高，其原因是纯技术效率低和技术进步的缓慢；小额贷款公司整体经营效率比较高，技术效率、规模效率和纯技术效率的差异不显著且区域间不存在明显的差异状况，资源的配置趋于最佳，但是各地区的小额贷款公司在纯技术效率方面还有待提高。提升效率应从增加技术投入、改善管理等纯技术效率方面入手。

基于上述实证分析，提出以下有助于提高小额贷款公司经营效率的建议：

（1）小额贷款公司自身具有"小额、灵活、方便、快捷"的经营特色，坚持比较优势发展战略。应立足本地开设信贷分支机构，通过资源长期持续投入与积累，补齐人才基础、系统支撑的短板，寻求科学、可持续的利润增长点。坚持业务定位，调整贷款结构，改善管理水平，以提高贷款还款率，从而提高纯技术效率，在其具有比较优势的农村领域深耕细作，否则易导致特色丧失，失去其市场空间。要敢于制度创新，降低贷款门槛以满足中小企业融资需求和农民自身贷款资金需求，扩展经营范围。

（2）加大技术投入，注重创新与精细化管理，以提高小额贷款公司的技术进步，拓展市场空间。小额贷款公司需坚持人才立行，优化内部管理，加强专业性人才培养，为提升生产力奠定扎实的人才基础。当前的小额贷款公司不仅缺乏产品创新和研发的动力，而且其业务集中在抵押贷款方面，这与小额贷款公司成立初衷相违背，并没有做到满足客户实际信贷需求的信贷服务。鉴于农村地区普遍缺乏抵押质押品，小额贷款公司可以通过创新担保和抵押方式，开办产权、土地承包权等形式的抵押贷款，以应对个人和中小企业的资金需求。

（3）提升小额贷款公司的技术效率方面，各地小额贷款公司在选择改进方向时，应考虑当地的经济发展状况。比如，在保持纯技术效率不降低的情况下，处在规模报酬递增（irs）阶段的小额贷款公司应该考虑如何进一步利用或削减投入冗余，进而实现规模收益的增大，以提升其综合效率；处在规模报酬不变（一）阶段的小额贷款公司，经营管理者应该加强管理，合理配置资源，将重心放在提高纯技术效率。

第五节　政策建议

针对河北小额贷款公司实证分析结果和当前小额贷款公司的发展现状，提出以下对策：[①]

一、建立优惠政策支持体系

首先，政府应该明确小额贷款公司的金融企业身份。从小额贷款公司的业务性质和范围看，具有明显的金融属性，所以应该作为非银行金融机

[①] 王重润等. 小额贷款公司发展现状的调查与思考——基于山西省的案例分析 [J]. 农村金融研究，2014（8）.

构定性。这不仅有利于促进小额贷款公司更好地服务于小微企业和农户，而且监管体制也会理顺，更好地防范区域性和系统性金融风险的发生。由于身份的不明确，小额贷款公司无法享受到国家给予村镇银行等小型金融机构的税收优惠政策和向银行融资的优惠政策。

其次，放松监管，扩大小额贷款公司经营范围，取消跨地域经营限制。适当放宽小额贷款公司贷款利率不能超过央行基准利率四倍的限制。

最后，营造宽松融资环境。针对小额贷款公司运营资金不足的现状，根据小额贷款公司的经营规范、风险控制、资产水平和信用记录等方面进行评估审核，对于审核合格的小贷公司可以适当放宽融资限制，允许其向银行、保险公司、投资基金等进行融资。支持国有商业银行如国家开发银行和农行以较低的利率批发贷款给小额信贷机构，然后小额信贷机构将其资金带给所需之人，解决"只贷不存"缺乏资金来源的问题。开放资本市场融资，鼓励其在中小企业板、创业板上市或新三板挂牌融资。进一步加大小额贷款公司的可贷资金。

二、减免相关税费，降低经营成本

一是对小额贷款公司的涉农业务减税或免税，税收征收参照农村信用社的优惠政策，营业税按 3% 征收，在一定年限内免征所得税。同时，地方财政当局可通过建立退税机制对其予以扶持。全面清理和整顿涉及小额贷款公司的收费，进一步简化办理贷款过程中涉及的抵押、担保、评估和公证等程序，降低或者免除相关费用。

二是监管机关应当统一领导和协调各部门对小额贷款公司的补助，设立专门账户，用以发放财政补贴，保证各项优惠措施落实到位。

三、提高风险控制水平

从制度建设角度。一是完善内控机制，建立信贷审批权的约束机制，规范业务流程管理，加强制度的执行力。实行风险共担机制，小额贷款公司的经营管理人员要以个人的信誉及个人财产作为风险抵押，或者缴纳一定比例的风险抵押金。二是构建小额贷款公司风险预警体系，完善风险指标识别体系，建立定期风险评估制度。细化各个岗位控制风险的职责，将控制风险的责任落实到每一位职工，并与其绩效挂钩。

从业务经营角度。一是在选择贷款对象时，将具有同质风险的农户分离，采用将不同质风险的农户进行组合的方式，以有效规避自然和市场风险可能造成的借款人之间的间接连带损失。二是构建守信受益、失信惩戒的信用约束机制，如分期还款机制、动态激励机制、小组贷款机制、担保替代机制等，增强客户的信用意识；同时要对已发放的贷款用途进行核实，杜绝不按申请的用途进行使用，或是拿到贷款后不顾风险随意使用的行为。而当有上述行为发生的时候，要做好登记记录工作，并给予相应的处罚。例如，降低信用等级、提前收回贷款、吊销贷款凭证等。三是建立农户信用等级评估体系，建立农户经济档案，并评定农户信用等级和授信额度。请信贷员、村委会成员和德高望重的村民代表参加评估小组，并对农户信用评估标准、评估结果予以公示，使借款人自动接受监督，增强评估工作的透明度。四是建立与保险公司的合作关系，将客户购买贷款保证保险作为一个贷款条件，从而将贷款风险转移给第三方。

四、尽快开展资产证券化

在融资渠道受限、资金来源不足的情况下，各地政府部门应积极推动小额贷款公司进行贷款证券化，这对于盘活小额贷款公司资产、扩大贷款规模、分散风险有积极意义。国内首批小贷资产证券化产品是重庆金融交易所推出来的"瀚华小贷 2011 年第一期小贷资产收益权凭证"，规模近 1 亿元。分为三级结构，即优先级、次优先级和普通级，优先级和次优先级采取公开发行，普通级采取定向发行的方式。整个交易流程涉及小贷公司、担保公司、结算银行、重庆金交所、承销商、做市商和投资人七大交易方。2013 年 9 月，基于重庆阿里巴巴小额贷款有限公司的小额贷款业务所形成的资产池，东方证券资产管理有限公司推出东证资管——阿里巴巴专项资产管理计划在深圳证券交易所正式挂牌上市，这是国内首只券商类信贷资产证券化产品。其结构分为优先级资产支持证券、次优级资产支持证券和次级资产支持证券，优先级证券和次优级证券由机构投资者进行购买，包括银行、保险、信托等，而次级证券则由阿里巴巴购买，收益分配顺序上，优先级证券持有者先于次优级和次级，次优级先于次级。不过在预期年收益率上，优先级为 6.2%，次优级为 11%，次级则不明确预期收益。

目前，小额贷款证券化还存在几个问题，一是地方政府对资产证券化的重要性认识不足，对金融风险过于担忧，积极性不高；二是贷款证券化产品的设计还不够规范，在基础资产的真实出售、破产隔离等方面存在缺陷，证券化产品潜在的信用风险比较大。这是以后需要着重解决的问题。

五、尽快将小额贷款公司纳入征信管理范畴

中国人民银行应尽快制定小额贷款公司数据传输标准和操作规范，将小额贷款信息整合到征信系统之中；确立科学合理的征信系统收费标准，降低小额贷款公司加入征信系统的费用。2014 年 6 月 12 日，上海小贷行

业正式接入央行征信系统，首批 3 家小额贷款公司获得开通央行征信系统查询权限。央行上海总部和上海市金融办共同确定了通过采用集中管理、一点接入、间接查询、费用共担的接入方式。这为其他省市开展这项工作提供了经验模式。

六、优化小额贷款公司监管制度和考核办法

由于小额贷款公司业务主要面向小微企业和农户，而这个群体基本是被银行排除在外的，信用风险相对较高，所以小额贷款公司的不良资产率相对较高。对小额贷款公司的监管应该充分考虑这种经营特点，而不宜过分强调风险监管，标准建议放宽不良贷款考核标准，适当提高不良贷款容忍率，同时尽快建立小额贷款公司的不良贷款核销标准，并简化呆账核销程序，比如对于已经形成的不良贷款，经法院判决后，若不能立刻执行，应允许小额贷款公司先核销不良贷款，若以后收回了不良贷款，再冲回呆账准备金，并补缴税款。

七、加强信用建设，培养人才

引导社会评级机构对小额贷款机构展开信用评级，促使小贷公司注重信用累积，规范发展。小额贷款公司需要有能力、有责任的领导者和良好的公司治理，由具有专业技术、行业经验丰富和风险意识较高的管理人员及信贷人员运作，要加快培养高素质从业人员，使其提供的金融产品和服务适应当地的需求、适应当地的文化。

第六章
农村信用社经营效率

第一节　引　言

  2003 年，国务院颁布了《深化农信社改革试点方案》，提出"明晰产权关系、强化约束机制、增强服务功能、国家适当支持、地方政府负责"。2004 年，河北成为农信社改革的第二批试点单位，拉开河北农信社改革的序幕。2005 年，河北 157 家市、县级农信社联合社自愿入股成立了具有独立法人资格的地方性金融机构——河北农信社联合社。在此基础上，健全了县级联社法人治理结构，并推进县级联社股份制改造与商业银行改革，截至 2015 年 6 月，全省成立了 23 家农村商业银行（合作银行）以及 46 家县级联社完成了股份制改造。截至 2015 年底，全省农信社总资产为 11567.28 亿元，存款余额达到 9007.7 亿元，稳居全省各金融机构之首。资产、负债规模都达到了改革前规模的 4 倍以上。各项贷款余额 6083.4 亿元，涉农贷款达到 4940 亿元，占贷款总额的 80% 以上。不良贷款率从改革前的 34.21% 下降到 5.25%，资本充足率提高了 5 个百分点。拨备前利润增长了 12 倍，所有县级联社实现盈利，全省信用社营业网点达到 4740 个，服务农村经济发展的能力得到提升。

在农信社改革中，随着资产负债规模的扩大，我们自然想了解经营效率是否得到提升。经营效率高低直接反映金融机构的竞争力，也体现了抵御金融风险的能力。如果经营效率不高，即便资产负债规模增长，那么也只是数量的扩张，并不能说明竞争力以及抗风险能力的提高。2016 年 4 月，河北银监局出台了《河北农村信用社改革实施方案》，主要内容是：2018 年底，全部县级联社改制为农村商业银行；行业管理机构改组为区域审计中心；完善各种平台建设；提升经营质量，主要指标达到监管要求；等等。这个方案透露出来的信息表明，目前河北农村信用社的整体竞争力不强，经营质量不高。这凸显了本章的研究价值：通过对农信社改革以来经营效率进行全面分析与评价，比较各地区农信社经营效率差异大小进而分析造成不同经营效率的影响因素，对于深化农村信用合作社改革、提升农村金融服务水平具有实际意义。

利用 DEA 方法对银行业金融机构效率的研究最早开始于 1985 年，Sherman 和 Gold（1985）将 DEA 应用于一家银行的分支机构之间的效率评估。随后 DEA 在评价商业银行及分支机构效率时得到了广泛应用。例如，Bergendahl（2008）通过对商业银行经营效率的研究发现，虽然加拿大、瑞典等国商业银行效率因为内部管理技术等原因存在差异，但随着金融工具的丰富和发展，整体的经营效率都有一定幅度的提高。Roberta B. Staub（2010）通过对数据包络分析法的完善，对巴西国有银行、私人银行和外资银行的经营效率从成本效率进行分析，他认为国有银行比私人银行和外资银行更具有成本效率。

我国早期关于银行效率的研究主要集中在单要素指标分析，如资产规模、资本充足率等。这种方法能够反映银行的经营状况，但不能全面反映银行投入产出情况。2003 年以来，国内学者纷纷借鉴 DEA 方法分析研究商业银行效率。大致上分为三种情况，一是利用传统的 DEA 和超效率模型，分析金融机构的综合效率并将之分解为技术效率、规模效率进行细致分析（郑贵廷和齐树天，2006；赵翔，2010；李鸣迪，2015）。二是将 DEA 与 Malmquist 模型相结合，从静态与动态角度来分析评价经营效率以及调整效率的方向（周明栋，2016）。三是将 DEA 与 Tobit 模型结合，在分析 DEA 效率基础上，对影响经营效率的因素进行 Tobit 回归分析（焦晋鹏，2014）。从研究结论上看，多数文献认为在改革后农信社的经营效率整体有提高，不过总体仍处于技术无效状态，主要原因是纯技术效率低（蓝虹，穆争社，2014）。

在运用 DEA 方法对银行效率进行测度时，最大的问题是衡量效率的指标选择存在较大分歧，导致研究结论的可靠性、稳定性在一定程度上存在疑问。这是需要克服的问题，即指标体系的设计必须要基于对农信社定位和作用的客观认识。另外，早期文献限于样本的不足，实证分析结果并不稳定，特别是不能对效率的变化情况进行有效分析。我们以 2005~2014 年 11 家农信社的财务数据进行研究，观测期较长，样本容量相对较大，回归分析结果更准确。这是本研究的两个进步。

我们首先在传统 DEA 模型的基础上引入超效率分析及 Malmquist 指数模型，从静态、动态两个角度分析信用社经营效率及其变化情况。其次将从模型出发剖析影响农信社经营效率的因素，并进行 Tobit 实证检验。最后提出基于结论的对策建议。

第二节 研究方法与指标选择

一、研究方法

某些研究效率的方法存在局限，例如，财务分析方法能够描述指标的变化，却不能客观描述什么情况才是有效率的状态，不能综合反映整体效率。参数分析方法需要自变量、因变量之间确定的效率函数形式，对于多投入多产出的效率分析不具有可行性。非参数 DEA 方法具有独特的优势，可规避前两者的弊端，因为无须对生产单元的输入输出进行表达式的假定，仅依靠实际的投入产出值构造有效的生产前沿面，估计决策单元 DMU 的相对效率值。本章所研究的经营效率所反映的是多投入、多产出指标间关系，正是非参数 DEA 方法的优势所在。近年来，DEA 方法已经成为研究金融机构运营效率的主流方法之一（张建华，2003）。

DEA 方法原理是：首先，根据评价对象的各项投入和产出的数据，利用线性规划，找到效率前沿面，所有的决策单元 DMU 都包围在这个效率前沿面内，因而该方法又叫作数据包络分析法；其次，测量每个决策单元观测值与效率前沿面的距离，以此来求出每个决策单元的相对效率水平。传统的 DEA 模型包括 CCR 模型和 BBC 模型，其中 CCR 模型是第一个基本模型，是基于规模报酬不变的假设，为多投入多产出系统的决策单元之间的相对效率评价提出了可行的方法。BBC 则将假设条件扩展到规模报酬可变。在规模报酬可变的假设下，技术效率（TE）分解为纯技术效率（Pure

Technical Efficiency，PE）和规模效率（Scale Efficiency，SE）。规模报酬不变意味着投入与产出等比例变动，但银行经营绩效受到多重因素的干扰，除了本身的经营管理水平以外，尚有经济环境、宏观经济政策等方面的影响，所以规模报酬不变假设是不合理的。事实上，银行业的规模经济是很明显的，所以我们采用 BBC 模型来进行分析。

二、投入产出指标的选择

关于金融机构投入和产出变量的选取是一个存在争议的问题。从现有的研究看主要有三种：生产法、中介法和资产法。生产法将金融机构看作从事一般生产过程的企业，投入指标为劳动力和资本，产出指标为各种存贷款、中间业务等金融服务。中介法与生产法类似，不同点在于把银行看作是媒介资金供求双方的中介服务商而非普通的生产商，投入指标为经营成本，产出指标设定为各种盈利指标等。资产法则是中介法延伸，相比中介法，资产法强调负债与资产的联系，考察负债与资产规模的增长情况，注重资产负债表中的投入产出指标。将存款等负债作为投入，将贷款、投资等资产作为产出指标。

我们认为，指标的选择应该基于对农信社地位与作用的认识。首先，农信社属于银行类的存款金融中介机构，依靠吸收公众存款支撑资产规模的扩张，提供金融服务。其次，农信社尽管有一部分的政策性业务，比如支农贷款等，但不属于政策性金融机构，仍然是商业性金融机构，所以商业银行的经营目标对于农信社也是适用的，即农信社在经营过程中必须既要追求资产的流动性、安全性、盈利性，也要符合监管要求。政策性贷款的流动性、安全性同样也是不可或缺的，盈利性是通过财政贴息或者减税的方式实现。所以度量其经营效率，应该从作为金融中介组织的角度选择评价指标。在理清认识之后，结合数据的可得性以及现有文献，我们把生产法与中介法结合起来选取相应的指标，包括4个投入指标和2个产出指标以及1个非期望产出指标。具体指标如下：

投入指标包括：①固定资产净值，是农信社提供服务、持续经营的基础前提条件，使用经营场地、营业网点、机器设备等固定资产。②人员经费，是职工工资福利补助以及培训费用等，反映的是农信社的人力资本投入。③营业支出（除人员经费），是利润表各项支出之和减去人员经费，是衡量农信社在进行经营活动时的物质资本投入。同时，用减去人员经费的营业支出作为投入变量，消除了变量之间多重共线性的隐患。④存款总额，反映农信社的市场份额，是发放贷款以及投资的主要来源。

产出指标包括：①净利息收入，是农信社收入的主要来源，衡量传统存贷业务的经营状况。②非利息收入，营业收入扣除利息净收入，反映了农信社中间业务、新兴业务等创新业务状况。

非期望产出指标：风险因素对金融机构是一个不能回避的问题。农信社目前的经营现状不良资产比率过高，如果忽略贷款的质量，会无形中扩大了其实际效率，为了解决这一问题，将不良贷款率作为非期望产出指标。需要说明的是，DEAP 2.1在运行中须规避负产出，因不良贷款率与利息收入和非利息收入不同，是一种负产出。用不良贷款衡量农信社经营过程中的风险产出，将其作为非期望产出指标，用其倒数表示。

为确保投入产出指标的科学合理性，对指标数据进行Pearson相关系数检验，如表6-1所示。

表6-1列示了对农信社2005~2014年4个投入指标和3个产出指标均值的Pearson检验，可以看出投入指标和产出指标的相关系数均为正，且都在0.01显著水平通过双尾检验，符合DEA模型对投入产出指标同向

表 6-1 投入指标和产出指标的 **Pearson** 相关系数

	固定资产净值	人员经费占比	营业支出	存款总额
净利息收入	0.883**	0.986**	0.978**	0.978**
非利息收入	0.836**	0.951**	0.989**	0.984**

注：** 表示在 0.01 水平上双尾显著相关。

性的假定条件。

三、数据来源

有关河北 11 地市农村信用社的数据来源于河北农村信用社省联社提供的 2005~2014 年的各年度财务报表。地区经济数据来源于 2005~2014 年《河北统计年鉴》，部分数据是笔者根据样本数据进行计算整理所得。

第三节 农信社经营效率实证结果与讨论

一、基于 BBC 模型的效率分析

表 6-2 2005~2014 年 11 地级市农信社各效率值

年份	2005			2006			2007			2008			2009		
项目	crste	vrste	scale	crste	vrste	scale	crste	vrste	scale	crste	vrste	scale	crste	vrste	scale
保定	0.518	0.716	0.722	0.968	0.968	1	0.547	0.572	0.956	0.4	0.478	0.838	0.466	0.527	0.884
沧州	0.45	0.562	0.801	1	1	1	0.442	0.581	0.761	0.505	0.674	0.75	0.511	0.609	0.839
承德	1	1	1	1	1	1	1	1	1	1	1	1	1	1	1
邯郸	0.664	1	0.664	1	1	1	0.837	0.935	0.895	0.956	1	0.956	0.831	0.848	0.98
衡水	0.404	0.656	0.616	0.732	1	0.732	0.478	0.643	0.743	0.51	0.692	0.737	0.426	0.625	0.682
廊坊	0.712	0.88	0.809	1	1	1	1	1	1	1	1	1	0.854	0.866	0.987
秦皇岛	0.525	1	0.525	0.686	1	0.686	1	1	1	1	1	1	1	1	1

续表

年份	2005			2006			2007			2008			2009		
项目	crste	vrste	scale	crste	vrste	scale	crste	vrste	scale	crste	vrste	scale	crste	vrste	scale
石家庄	0.51	0.551	0.925	1	1	1	0.763	0.789	0.967	0.542	0.572	0.948	0.519	0.546	0.95
唐山	1	1	1	1	1	1	1	1	1	1	1	1	1	1	1
邢台	0.42	0.672	0.626	0.526	0.817	0.644	0.45	0.739	0.609	0.356	0.715	0.499	0.434	0.717	0.606
张家口	1	1	1	1	1	1	1	1	1	1	1	1	1	1	1
均值	0.655	0.822	0.79	0.901	0.98	0.915	0.774	0.842	0.903	0.752	0.83	0.884	0.731	0.794	0.903
	2010			2011			2012			2013			2014		
项目	crste	vrste	scale	crste	vrste	scale	crste	vrste	scale	crste	vrste	scale	crste	vrste	scale
保定	0.863	1	0.863	0.948	1	0.948	1	1	1	1	1	1	1	1	1
沧州	0.969	0.98	0.988	0.922	0.936	0.985	1	1	1	1	1	1	0.972	0.977	0.995
承德	1	1	1	1	1	1	1	1	1	1	1	1	1	1	1
邯郸	0.827	0.833	0.993	1	1	1	0.945	1	0.945	1	1	1	1	1	1
衡水	1	1	1	1	1	1	1	1	1	0.924	0.934	0.99	1	1	1
廊坊	1	1	1	1	1	1	1	1	1	1	1	1	1	1	1
秦皇岛	1	1	1	1	1	1	1	1	1	1	1	1	1	1	1
石家庄	1	1	1	1	1	1	0.959	0.985	0.974	0.911	0.931	0.978	0.807	0.826	0.976
唐山	1	1	1	1	1	1	1	1	1	1	1	1	1	1	1
邢台	0.996	1	0.996	0.826	0.832	0.992	0.87	0.899	0.968	0.824	0.833	0.989	0.785	0.811	0.968
张家口	0.963	1	0.963	0.933	0.94	0.992	0.869	0.921	0.944	0.86	0.934	0.921	0.817	0.94	0.869
均值	0.965	0.983	0.982	0.966	0.974	0.993	0.968	0.982	0.985	0.956	0.967	0.989	0.944	0.96	0.983

注：crste 表示技术效率或者综合效率，vrste 表示纯技术效率，scale 表示规模效率。

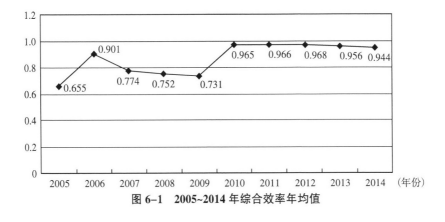

图 6-1 2005~2014 年综合效率年均值

由表 6-2 及图 6-1 可见，自 2004 年开始农信社改革起，农信社平均综合效率呈上升趋势。其中，2007~2009 年出现一定幅度的下降，究其原因是 2007 金融危机爆发，经济增长趋势放缓，很多中小企业经营困难，金融行业受到强烈冲击。金融危机过后，综合效率得到恢复并有所提升，在 0.95 上下波动。相比效率增长，质量上仍存在滞后。例如，2014 年综合效率均值 0.944，说明投入现有资源的 94.4%即可实现目前的产出水平，其余 5.6%的投入要素被浪费。

值得注意的是，在样本期间，农信社平均综合效率为 0.868，平均纯技术效率和规模效率分别为 0.913 和 0.943，意味着效率损失 60.2%源于纯技术无效，39.8%源于规模效率损失，纯技术效率低是造成农信社综合效率低的主要原因。而 2010 年以后纯技术效率的提升恰恰是这个时期以后经营效率改善的主要原因。纯技术效率的提升反映了 2010 年以来农信社不断加强技术革新、信息系统建设投入，使得纯技术效率得到提升。

通过计算 2005~2014 年纯技术效率的标准差，可以反映各地市农信社经营技术的差距。2010 年之前（除 2006 年），纯技术效率的标准差在 0.2水平波动，2010~2014 年，各地市标准差降至 0.04，说明农信社整体技术效率的差距趋于稳定，经营管理技术的发展更全面，区域差异缩小。

二、基于超效率 DEA 模型的效率评价

DEA 模型在分析某一年各地市信用社运行效率的时候无法比较分析效率值同是 1 的情况，似乎处于效率值 1 的信用社都处于好的运行效率和水平。为弥补这一缺陷，我们引入 DEA 超效率评价模型。超效率 DEA 模型是在 CCR 模型约束中加入权重的约束条件，得出的效率值可能大于 1，通常被称为超效率值。通过计算超效率值，各个农信社的效率值变化更加明

显（见表6-3）。

表6-3 2005~2014年11个地市农信社超效率

年份	2005	2006	2007	2008	2009	2010	2011	2012	2013	2014	均值
保定	0.769	0.964	0.610	0.501	0.501	1.017	1.227	1.318	1.193	1.142	0.924
沧州	0.499	1.864	0.495	0.567	0.694	0.927	0.919	1.049	1.019	0.965	0.900
承德	4.525	3.392	2.378	1.666	1.581	1.518	1.295	1.246	1.441	1.397	3.344
邯郸	1.043	1.126	0.973	0.870	0.888	0.835	0.979	0.945	1.090	1.127	0.988
衡水	0.387	0.732	0.485	0.632	0.603	1.063	1.108	1.082	0.978	1.139	0.821
廊坊	0.814	1.117	1.182	1.082	0.908	1.037	1.068	1.100	1.131	1.336	1.077
秦皇岛	0.522	0.582	0.964	0.980	1.473	2.485	3.170	2.784	2.222	1.928	1.711
石家庄	0.697	1.117	0.844	0.703	0.706	1.701	1.240	0.986	0.919	0.836	0.975
唐山	4.491	1.503	1.438	1.691	1.985	1.895	3.497	3.044	2.353	2.204	2.410
邢台	0.455	0.525	0.422	0.342	0.409	0.908	0.793	0.875	0.810	0.866	0.640
张家口	3.656	4.084	7.018	5.826	6.471	0.963	0.912	0.849	0.846	0.813	3.144

以2014年各地市的超效率得分为例，DEA模型显示保定、承德、邯郸、衡水、廊坊、秦皇岛、唐山均处于效率前沿面上，效率值均为1。从超效率测度上看，保定、承德、邯郸、衡水、廊坊、秦皇岛、唐山的效率值分别是1.142、1.397、1.127、1.139、1.336、1.928、2.204。这说明超效率DEA结果可以使各地市农信社经营效率差异更明显。值得注意的是，在样本期间，承德、张家口两市农信社超效率DEA均值显著高于其他地市农信社，但从2010年开始效率值呈现逐年下降趋势（其他出现下降趋势的还有沧州、邢台、石家庄三地农信社）。这意味着近几年张承地区农信社经营效率实际上是在下降的。

三、Malmquist 动态效率分析

仅仅从静态分析农信社经营效率是不够的，还要进一步分析导致效率变化的原因。Malmquist指数方法不仅可以研究效率在样本期内的动态变动情况，还可以通过技术效率变化指数和技术进步指数来具体分析无

效率的原因。

　　Malmquist 全要素生产率（TFP）可以分解为技术效率变化（EFFC）和技术进步（TC），是二者乘积。其中，EFFC 衡量的是在 t 期和 t+1 期之间每个决策单元与前沿面之间的距离大小，TC 衡量的是 t 期和 t+1 期之间整个生产前沿面的移动。企业在生产经营过程中，不断向效率前沿面靠近，不断缩小与前沿面之间的距离，直至为 0，这个过程中 EFFC 会增大；TC 增大意味着生产前沿面的移动，即企业的整个生产前沿面不断"向前进步"。决策单元与前沿面之间距离的不断缩小以及前沿面的不断移动共同促进企业持续增长。

　　本章借助软件 Deap2.1 建立 Malmquist 指数模型。计算结果如表 6-4 所示。

表 6-4　2005~2014 年 11 地市农信社全要素生产率

年份	技术效率	技术进步	纯技术效率变化	规模效率变化	全要素生产率变化
2005~2006	1.43	0.694	1.223	1.169	0.992
2006~2007	0.831	0.867	0.84	0.988	0.720
2007~2008	0.951	0.777	0.978	0.972	0.739
2008~2009	0.986	0.905	0.959	1.027	0.892
2009~2010	1.401	0.824	1.273	1.101	1.155
2010~2011	1.001	1.136	0.99	1.011	1.138
2011~2012	1.002	0.97	1.01	0.992	0.971
2012~2013	0.987	1.016	0.983	1.004	1.004
2013~2014	0.985	1.071	0.991	0.993	1.055
均值	1.048	0.908	1.02	1.027	0.951

　　由表 6-4 可见，2005~2014 年，农信社的全要素生产率基本保持了稳中有升的趋势，Malmquist 指数（TFP）平均值为 0.951，根据 Malmquist 生产率指数的含义，表明在整个观测期内，效率平均降低了 4.9%。这是因为 2007 年、2008 年受金融危机的影响，各项指标明显下降。尽管如此，从

各年均值看，全要素劳动生产率还是保持着一个很好的水平。进一步将 TFP 分解，从效率增长结构的角度看，技术进步指数（TC）值小于 1，平均下降了 9.2%，但是技术效率变化指数（EFFC）大于 1，平均增幅长了 4.8%。两者共同决定 Malmquist 生产率指数的变动。对技术效率变化指数（EFFC）进行分解，规模效率变化指数（SEC）变动明显，上升了 2.7%，而纯技术效率变化指数（PEC）平均上升了 2%，二者共同决定 EFFC 的变动。所以在 2005~2014 年，平均来看技术效率的提升对全要素生产率 TFP 的提升有更大的影响。不过纵向来看，2011~2014 年，技术进步指数从 0.97 增加为 1.071，同期技术效率变化指数从 1.002 下降到 0.985。说明最近几年全要素生产率 TFP 的改善主要来自于技术进步与技术创新。随着现代科技的不断进步，河北在全省范围内农信社也在逐步加大技术的投入力度，依靠现代支付系统、移动 ATM 机、网上银行等新型技术渠道迅猛发展。

表 6-5　河北 11 地级市农信社 2005~2014 年动态效率

项目	技术效率	技术进步	纯技术效率变化	规模效率变化	全要素生产率
保定	1.076	0.907	1.038	1.037	0.976
沧州	1.089	0.912	1.063	1.024	0.993
承德	1	0.774	1	1	0.774
邯郸	1.047	0.929	1	1.047	0.972
衡水	1.106	0.861	1.048	1.055	0.952
廊坊	1.038	1.014	1.014	1.024	1.053
秦皇岛	1.074	0.848	1	1.074	0.911
石家庄	1.052	0.924	1.046	1.006	0.973
唐山	1	0.956	1	1	0.956
邢台	1.072	0.927	1.021	1.05	0.993
张家口	0.978	0.955	0.993	0.985	0.934
均值	1.048	0.908	1.02	1.027	0.951

分地市看，廊坊农信社的全要素生产率最好，平均提升了 5.3%，其他农信社的效率在观测期间都有所降低，其中承德降幅最大，达到 22.6%，这是由于技术进步相对迟缓所累。说明承德市农信社科技创新技术进步变化的发展速度相对滞后于其经营服务能力，生产边界向原点移动。而张家口是全省唯一各项指数均小于 1 的地市。说明张家口农信社技术效率低，规模报酬呈下降趋势。Malmquist 动态效率分析结果很好地解释了前面提出的张承地区农信社超效率值变化的原因。

第四节　农信社经营效率影响因素

一、模型介绍和指标选取

如果仅单纯计算银行的 DEA 效率，而对于产生效率高低差异的原因不能给出很好的解释和答案，那就失去了研究意义。影响农信社经营效率的因素无非两大类：外部经济环境以及内部经营管理。所以本章从内部、外部多角度进一步剖析影响农信社 DEA 效率的因素。

外部因素主要选取反映当地经济发展状况的因素变量。包括：①人均可支配收入，衡量地区居民生活水平的指标之一。在其他条件不变的情况下，这个指标值越大，农信社的经营效益就会越好。②农业总产值占生产总值的比率，反映了该地区对第一产业的依赖程度。

内部因素主要选取反映农信社规模、经营创新、流动性以及风险管理指标变量，从而可以全面反映规模效率以及纯技术效率的影响。包括：

①存贷比，是贷款总额和存款总额的比例，反映了农信社信贷资产与负债的相对规模，同时也是流动性指标。存贷比越高，说明在一定负债规模约束下，信贷资产规模越大，扩张能力越强。②非利息收入/利息收入，反映了农信社经营创新能力水平。非利息收入占比越高，说明农信社创新产品和服务的能力越强，经营效率也就越高。③流动性比例，是流动性资产与流动性负债的比例，用来反映农信社满足存款人提取现金、支付到期债务的能力。④拨备覆盖率/不良贷款率，是以不良贷款率来衡量拨备覆盖率的提取程度，这个指标综合考虑了拨备覆盖率与不良率的影响，是衡量风险管理的指标变量。这个指标值越大，说明风险保障程度越高。⑤涉农贷款比例，是涉农贷款余额占全部贷款余额的比例，反映农信社提供农村金融服务的能力，在农村金融领域的竞争力。

本章采用 Tobit 模型进行回归分析。Tobit 回归模型又被称为样本选择模型、受限因变量模型、审查（Censor）模型，是因变量满足某种约束条件下取值的模型。普通最小二乘法不适用于对该问题的回归系数的估计。本章使用的因变量——DEA 综合效率是介于 0~1 的受限变量。所以采用 Tobit 模型进行分析，并用极大似然法来估计参数值。

根据对农信社效率影响因素的设定，以存贷比、非利息收入占比、流动性比例、拨备覆盖率/不良贷款率、涉农贷款比例、人均可支配收入、农业总产值占比为自变量，以农信社 DEA 效率为因变量，建立 Tobit 回归模型：

$$y_i = \beta_0 + \beta_1 x_{1i} + \beta_2 x_{2i} + \beta_3 x_{3i} + \beta_4 x_{4i} + \beta_5 x_{5i} + \beta_6 x_{6i} + \beta_7 x_{7i} + \varepsilon_i, \quad i = 1, 2, \cdots, n$$

式中，x_1~x_7 分别为内外各影响因素变量，β_0 为常数项，β_1~β_7 为各个自变量的回归系数，ε_i 为随机误差性。

二、回归结果及分析

表 6-6　全省农信社经营效率影响因素回归分析结果

	系数	标准差	Z 检验	Prob.
存贷比	0.1531	0.2102	0.7378	0.2186
非利息收入/利息收入	0.0049	0.0862	0.0571	0.3197
流动性比例	0.6460	0.1588	4.0693	0.0000
拨备覆盖率/不良贷款率	0.0066	0.0040	1.6037	0.0916
涉农贷款比例	0.5690	0.4300	1.7793	0.0134
农业产值占比	−0.2308	0.4832	−0.5191	0.2012
人均可支配收入	0.0997	0.0480	2.1690	0.0288

由表 6-6 可知，存贷比和农信社经营效率之间正相关。从农信社以盈利为目的的角度上考虑，存贷利差是农信社的主要利润来源。存款规模增长固然为资产规模扩张提供了资金，但毫无疑问会增加利息成本与管理成本，而贷款业务是银行增加收入的主要方式。适当提高存贷将增强银行盈利能力，从而增加农信社的经营效率。

非利息收入/利息收入的回归系数显著为正，说明农信社改革以来金融创新对农信社经营效率的提升影响很大。

流动性比例和农信社的经营效率之间显著正相关，说明农信社的流动性越高，信用社满足存款人提取现金、支付到期债务的能力越高，农信社的资产配置能力也越高。农信社维持好的流动性有利于增强经营效率，增加维持经营的稳定性。

拨备覆盖率/不良贷款率对农信社的经营效率的影响为正。拨备覆盖率反映的是农信社风险管理能力。拨备覆盖率提升，农信社对风险的把控补偿能力提升，社会信心增强，不良贷款率下降，农信社的非期望产出减少，这提升了农信社的经营效率。

涉农贷款比例，反映了农信社的支农力度和农村金融服务投放水平。由回归分析不难看出，涉农贷款比例与农信社经营效率呈显著正相关。虽然涉农贷款的发放成本较高，但涉农贷款的质量普遍优良，再加上央行对农信社涉农业务的低息或无息再贷款，涉农贷款的盈利能力也比较强。就近两年数据看，承德市农信社涉农贷款的比例达到了98%以上，而其农信社的经营效率也相应较高。

人均可支配收入对农信社的经营效率影响显著为正，充分说明农信社的经营效率与当地经济发展水平密切相关。居民生活质量的提高，一定程度上将提升农信社的经营效率。

农业生产总值占比对农信社的经营效率的影响显著为负，说明现阶段农业生产相比第二、第三产业来说仍效率低质量差，成本高而收益不稳定，受地理环境条件影响存在的风险也相对较大，对农业的依赖程度过大必将导致农信社经营效率低下。

通过对 11 市农信社综合效率影响因素回归分析结果可知：在农村信用社改革中，影响各地信用社经营效率的因素是不同的（见表 6-7）。

表 6-7　11 市农信社经营效率影响因素回归分析

系数	存贷比	非利息收入/利息收入	流动性比例	拨备覆盖率/不良贷款率	涉农贷款比例	农业产值占比	人均可支配收入
保定	3.3419 (0.1019)	2.5771 (0.0000)	0.5566 (0.4162)	0.3830 (0.0000)	−0.0680 (0.6020)	−11.3265 (0.0000)	0.1141 (0.5901)
沧州	0.4056 (0.2182)	1.8534 (0.4053)	0.2876 (0.0616)	1.0994 (0.0476)	−0.0831 (0.8100)	8.2726 (0.0000)	0.1993 (0.0006)
承德	2.4941 (0.0000)	0.9575 (0.2231)	0.3962 (0.0000)	0.3679 (0.5228)	0.0536 (0.4131)	−1.7671 (0.0000)	0.4105 (0.0000)
邯郸	1.2862 (0.0000)	1.3484 (0.5215)	0.1105 (0.0000)	0.8066 (0.2464)	0.0012 (0.3165)	−1.9879 (0.0000)	0.1413 (0.0000)
衡水	3.8866 (0.0000)	−0.1167 (0.9084)	1.1124 (0.0002)	0.7763 (0.396)	0.1896 (0.0000)	1.5260 (0.4786)	0.3351 (0.1416)

续表

系数	存贷比	非利息收入/利息收入	流动性比例	拨备覆盖率/不良贷款率	涉农贷款比例	农业产值占比	人均可支配收入
廊坊	0.5605 (0.5054)	−0.0424 (0.9790)	0.6069 (0.4769)	0.6705 (0.1980)	0.1946 (0.2944)	−0.8384 (0.9468)	0.0435 (0.8801)
秦皇岛	0.9055 (0.0259)	0.4623 (0.3920)	1.1482 (0.0664)	0.6185 (0.0051)	0.0090 (0.5445)	−4.3046 (0.3738)	0.1429 (0.0040)
石家庄	1.1187 (0.0000)	0.6847 (0.0000)	0.4338 (0.0000)	1.6995 (0.0000)	0.0117 (0.5242)	−5.5181 (0.0000)	0.3078 (0.0000)
唐山	0.4378 (0.0951)	−1.8183 (0.0000)	0.0509 (0.6298)	0.8335 (0.0000)	1.3248 (0.0000)	−6.7787 (0.0000)	0.0494 (0.0000)
邢台	8.1603 (0.0000)	0.1412 (0.3188)	0.4038 (0.0000)	0.3241 (0.0000)	0.1632 (0.000)	−45.5376 (0.0000)	1.2044 (0.0000)
张家口	0.5378 (0.0506)	−0.0329 (0.9677)	0.4484 (0.0066)	0.7699 (0.0117)	0.3576 (0.2444)	1.6769 (0.0303)	0.1654 (0.0000)

注：括号中数字表示 t 检验值。

在影响经营效率的诸因素中，以存贷比指标衡量的信贷资产相对规模、流动性以及拨备覆盖率对各家农信社效率的影响是一致的，说明扩大资产规模、加强风险管理、降低不良率是各家农信社提高经营效率的重要手段。相对来讲，扩大资产规模对邢台农信社的影响最大，其次是衡水、保定、承德农信社；石家庄、沧州农信社的拨备覆盖率/不良贷款率的系数相对其他地市较大，说明石家庄、沧州农信社风险管理能力较好，风险补偿能力提升对经营效率提高有较大影响；秦皇岛、衡水农信社的流动性管理能力对效率提升有较大影响。

以非利息收入占比来衡量的金融创新水平对各家农信社效率的影响并不一致。保定、沧州、邯郸等 7 个城市的农信社金融创新水平对效率提升有积极影响，其中，保定农信社金融创新对效率提升影响最大。衡水、廊坊、唐山、张家口 4 个城市农信社的非利息收入占比对经营效率的影响系数为负，但统计不显著，说明这些农信社的金融创新水平不高，对效率的影响并不明显。所以这些农信社未来应该提升金融创新水平。

对于多数农信社，体现支农效果的涉农贷款比例对效率有积极影响，但在统计上并不显著，只有唐山、邢台、衡水涉农贷款比例的系数在统计上显著，即涉农贷款规模增加能够改善绩效。这说明影响农信社效率的主要是贷款规模增长，而与贷款的性质关系不大。事实上，农信社贷款大部分属于涉农贷款。以 2014 年为例，11 家农信社的涉农贷款比例都超过 70%，其中承德、衡水涉农贷款比例高达 99.41% 和 96.08%。

从外部环境上看，当地产业结构以及经济发展程度对农信社经营绩效有明显影响。总体看，降低农业产值比例有利于提升经营效率。但也有例外——沧州、衡水、张家口农业产值占比的系数为正，说明这几个地区的农信社经营效率对当地农业发展程度依赖较大。反映经济发展水平的人均 GDP 对经济绩效的影响是正向的，并且在统计上具有显著性，这恰恰说明经济越发达，农信社经营效率越高。

第五节　结论及建议

一、主要结论

研究表明，从农信社改革以来，整体看，农信社经营仍然存在效率损失，未达到完全有效率状态，但是在不断改善。分地市看，多数农信社经营效率都有一定程度上升，并且达到了 DEA 有效。但 2013 年以来部分农信社经营效率出现了下降。效率损失主要源于纯技术效率低，说明经营管理水平不高。规模效率低也是一个重要原因。超效率分析发现，即便 DEA

有效的农信社之间仍然存在差异。Malmquist 动态效率分析表明，2010 年以后农信社的效率提升主要缘于技术进步与技术创新。Tobit 模型分析显示，信贷资产相对规模、风险控制能力以及金融创新水平对农信社综合效率的影响明显。外部环境对农信社经营效率也有影响，经济越发达、农业产值占比越低，农信社经营效率越高。

二、河北农村信用社发展政策建议

根据本章研究结论，结合河北农村信用社发展现状，从提高农信社经营管理水平和竞争力角度，提出以下几点建议：

（一）完善优化公司治理结构

股权分散化，优化持股结构。目前，农村信用社的股东身份多样，包括个人、农民、农业经营者、非农经营者、单位及职工等，但应吸纳更多的社会投资者，甚至吸纳战略投资，全面增强股权投资人的实力，充分发挥股权投资人的作用，当遇有重大问题时，能够做出更科学的判断决策。

把握好投资人准入门槛。要根据自身发展实际和发展瓶颈，积极引入合法、健康的资金进入农村信用社，引入高素质、高水平股东参与农村信用社管理层，防止来路不明甚至非法资金进入信用社，危及农村信用社资金安全。

扩大投资股占总股本比例。农村信用社目前分为资格股与投资股两种，但由于农村信用社自身对资格股实行的退股和贴息政策导致投资股的投入产出比远远低于资格股，使得投资人对投资股的预期收益减弱，影响优质社会资金进入信用社，所以需要对目前政策进行适当改良。比如，对于资格股要严格限制其退股条件，延长其退股期限，限制资格股分红比例。对于投资股要提高优惠条件，按投资数量大小确定投票权利，使投资的风险和收益更趋于合理，进而吸引更多资金。

进一步完善股权交易规则。目前的农村信用社仍然缺乏完善的股权交易程序，缺乏统一的认定标准，导致员工持股比例较高，股东的社会身份较为集中，所以，农村信用社需要进一步完善股权交易规则，充分吸收社会资金，稀释个别群体所持股金，防止集中控股，限制职工持股比例，防止内部职工利用工作直接获取内部信息获利，要对股权交易双方的身份进行限制。①

（二）理顺行业管理体制

长期以来，农村信用社先是由中国农业银行管理，以后又交给中国人民银行管理，这种监管合一的管理体制使农村信用社的支农作用弱化，出现了自身体制的不健全和监管不到位等问题。另外，农村信用社的服务对象是农民，服务范围是广大的农村，服务目的是支持"三农"发展和维护农村社会稳定，作为地方性金融机构，农村信用社的管理主体应该是地方政府。在河北农村信用社改革中，由省政府接管其管理权，这是当前农村信用社改革中监管分离的体现。2016 年河北政府颁布了《河北农村信用社改革实施方案》，方案明确提出：力争 2018 年底县级联社全部达到改制组建农村商业银行条件；2016 年底全面完成 11 个市级行业管理机构（市联社）改制组建区域审计中心任务。而省联社改革也将成为农村金融改革的重要内容。逐步淡出行政管理，强化服务职能，应是省联社改革的主线。

（三）建立健全农村信用社的内控制度

全面完善农村信用社内控制度。尽快提高农村信用社职工对于内控制度的认识程度，组织必要的学习培训考试，提高执行自觉性。全面做好内

---

① 刘哲. 河北农村信用社改革发展模式探讨 [D]. 河北经贸大学硕士学位论文，2016.

控相关工作。一是根据经营业务的实际情况，对各类规章制度进行完善，建立一套全方位的风险管理体系；二是完善各级联社贷审、风险、资产负债等部门责任，明确划分职责权限，集体商议农村信用社内部重大问题。组建具有独立性和权威性的内审部门，加大稽核范围和力度。内部审计是对内控制度的稽核与监督，因此要从体制、职权上树立内审工作的独立性和权威性，减少行政手段和人为因素的影响。

（四）坚持以服务"三农"为导向

从目前发展阶段看，之前我国大型商业银行因成本等因素考虑，纷纷退出农村金融市场，只有农村信用社坚持在农村金融市场，为我国广大农村、农民提供金融服务。农村信用社起步早，长期面向农村，所以与其他银行相比，具有天然优势。现在农民生产生活水平已经有了巨大变化，尤其是近年来，互联网异军突起，逐步向农村渗透，网上银行、手机银行等新型支付手段已经开始在农村逐渐流行，电子商务在农村迅速发展，把农村与城市、农民与市场串联起来。作为长期坚持农村金融市场的农村信用社面临着历史性机遇，也面临着其他商业银行的挑战，加之民间借贷方兴未艾，第三方支付行业日趋兴盛，这给农村信用社提出了新要求，只有坚持做好"三农"定位，为"三农"提供优质金融服务，实现差异化特色发展，才能应对互联网时代金融市场的竞争。

（五）不断加强金融创新，增强服务"三农"的能力

首先要优化调整资产规模。农信社应该根据自身经济发展需要及发展特性，对资产规模进行理性选择。在规模报酬递增的阶段，形成属于自身区域特色的规模优势。而对于过度追求规模扩张的经营方式，监管部门要加以监督和引导，使农信社实现良性健康发展。

其次，实证分析表明，制约农信社经营效率提高的重要原因之一在于

技术创新落后。所以要运用信息技术、网络技术提升农信社金融服务能力和水平。在此基础上以银行卡业务、互联网金融服务业为突破口来拓展中间业务，增加非利息收入比例，优化收入结构。

最后，从纯技术效率角度看，要通过加强内部管理，提升风险控制能力，降低成本，提高贷款质量，以提高经营效率。

第七章
农村金融创新的社会绩效分析

农村金融机构通过为农户专业化生产、农村基础建设、农户生产生活安全保障提供金融支持，一方面丰富了农户资金需求渠道、增加农户收入，另一方面能有效促进农村经济的发展，解决"三农"问题。本章从宏观、微观两个层面探讨了河北农村金融机构创新对农户增收、农村经济发展发挥的重要作用。

第一节　农村金融创新的微观经济效应

农民问题一直以来都受到我国政府的高度重视，它是"三农"问题的核心。解决农民问题首先要解决的是农民收入问题，土地的稀缺性、农业科技的发展、农产品价格的高低、农村金融服务水平等都会对农民收入产生影响。农村金融作为现代金融体系的一部分，承担着面向"三农"，服务"三农"的重要任务，它为农村经济的发展提供资金融通等服务，对农民收入的影响起到至关重要的作用。

一、文献综述

目前，国外关于农村金融创新对农户影响的研究还不多见，且研究结论对我国的适用性并不强；而国内的相关研究主要集中在金融发展与农民增收的关系研究上，大致可以分为两类：一类研究认为农村金融发展与农民收入增长呈负相关关系或二者关系不显著，这是目前大部分学者的观点；另一类研究的结论恰好相反，认为农村金融发展促进了农民增收。

温涛、冉光和，熊德平（2005）通过实证研究方法对我国 1952~2003 年的数据进行时间序列分析，研究结果显示，我国农村金融发展与农民收入增长呈负相关关系，且农村金融发展抑制了农民收入的增长。

许崇正、高希武（2005）运用实证分析方法论证了 20 世纪 90 年代以来，我国农村金融发展并未对农民收入增长做出实质性贡献，应增加农村信贷资金供给，加大金融支农力度。

张兵、曹阳（2009）研究了农村金融发展规模、效率和结构对农民收入的影响，认为农村金融发展规模对农民增收作用明显；而效率与结构对农民增收起到了反向作用，应当深化农村金融结构调整，强化金融支农效率，提高农民收入。

朱德莉（2014）研究发现，我国农村金融发展与农民收入增长之间存在着长期稳定的均衡关系。从长期看，农村金融发展规模、农村金融资源配置效率都对农民收入增长具有负向影响，而我国农村金融发展不仅未能促进农民收入的增长，反而阻碍了农民收入的增长。

李喜梅、王满仓（2006）以陕西省为例研究得出该省农村金融发展在样本期间并未对农民增收起到积极作用，农村资本的外流抑制了农民收入的增加，为此政府部门应当重视二者之间的相互关系，加强陕西省农村金融制度改革，引导民间金融发展规范化，实现农民增收中的金融支持作用。

章玲超、李爱喜和张妍婕（2008）运用 VAR 模型，以浙江省为例，论证二者之间的相关关系。结论认为二者存在单向因果关系，浙江的农村金融效率在促进农民收入增长上效果显著，相反金融相关率起到了一定抑制作用，政府应当优化当前浙江省的金融发展结构。

罗剑朝、阚先学（2008）指出，由于我国地方经济发展水平参差不齐，全国的农村金融发展与农民收入的关系并不一定符合地方的实际情况，因此他们对山西省进行了针对性研究，通过运用状态空间模型，最后得出改革开放以来，山西省的农村金融发展对农民增收支持力度不够，应当通过加大农村金融的改革力度来促使山西省农村经济结构的转变。

与上述学者的观点不同，李向阳（2012）经过灰色关联度分析、单位根检验、协整检验、因果检验，结果显示：四川省农民人均纯收入与农村金融发展规模、农村金融发展效率、农村信贷比率、农村投资水平、非农从业人员比例具有长期均衡的协整关系，农村金融发展对农民收入的增加具有显著的正向作用。

潘海英等（2013）基于长三角地区 1984~2011 年的统计数据，利用 VEC 模型研究农村金融发展对农民收入增长的影响。结果显示：从长期看，长三角地区农村金融发展结构、农村资本投入对农民收入增长有显著的正效应，而农村金融发展规模和效率带来的是负效应；短期内，长三角地区农村金融发展规模和效率的变化能有效改善农民人均纯收入，但具有滞后性。在农村金融发展各构成因素中，农村金融发展结构对农民收入增长变动的贡献程度较高，且具有长期持续性；农村金融发展规模的贡献程度略微高于农村金融发展效率和农村资本投入。

二、农村金融创新与农民收入的相关理论

(一) 农业融资理论

农业融资理论，即农业信贷补贴论，是在金融抑制论盛行期间占据主流地位的传统学说。该理论认为存在金融抑制的情况下，由于人为影响利率严重，较低利率使得银行不愿意贷款给农业产业和农民，非正规金融借势发展，而由于高利贷等非正规金融的不合理发展又严重制约了农业发展，最终抑制农村经济发展，农业融资成为老大难问题。为了解决农村存在的此类问题，农业融资理论倡导政府主导向农村引入外部资金，建立相关的政策性金融机构，由专业部门负责资金的使用和配置，通过增设银行在农村的分支机构及建立农村合作银行等方式消除农村非正规金融，让农村能够获得大量成本较低的资金，融资难问题得到解决，从而促进农村经济发展。

这一理论的诞生使得较多的发展中国家制定相关的农村政策，建立政策性银行和机构，大量的外借资金流入农村，投资增加，在一定程度上促进了当地农村的经济发展。但费农拉坦（1986）等的研究表明：外部资金的主动性进入，破坏了金融市场秩序，市场自动调节资源配置功能受损，也导致金融不为民所用的窘境。通过调查发现，我国农村贫困农民获得信贷资金量确实较少，存在部分外部资金被农村当权者或原有村办企业等占用情况，资金的实际使用效率低下，资金的配置合理性受到质疑，贷款很多难以收回。从长远看，政府应该积极引导非正规金融的健康有序发展，构建农村金融中介多元化，促进农村经济的可持续发展。

(二) 价格保护理论

这一理论和市场经济中农产品的供需情况紧密相关。一方面，当农民

的农产品产出超过了市场需求时，即供大于求，就会出现农产品剩余，农产品价格下降，当市场均衡的价格等于或者低于农产品成本时，严重损害了农民的经济利益，农民收入下降，这是经济学中的"谷贱伤农"现象。政府为了避免这种现象的发生，需要进行适当的行政干预，规定最低农产品收购价格等，给予农民价格支持。当农产品销售价格超过政府所规定的最低价格时，农民就会获得相应利润，实现农民收入的稳定增长。另一方面，市场调节与行政干预结合，适当控制农产品的产出。当市场上农产品价格较低时，减少农产品的产出，使价格回归到合理水平，保护农产品价格，稳定农民收入；还可以通过扩大农产品需求，由政府主导促进农产品全国区域的流通，盘活国内整体的需求市场，促进农产品的积极销售，同时加大与农产品需求国的接洽谈判，积极拓展国际市场，对农民进行出口价格补贴，扩大农产品的输出，解决国内市场供需失衡问题，确保农民收入的稳定增长。

（三）直接收入支持理论

直接收入支持理论是指政府根据市场情况，对一些农产品销售价格低于生产成本的农民或其他生产者给予直接收入补贴，这样做既不会损害消费者利益，影响农产品市场价格，又可以促进农户对农产品生产的积极性，能够有效稳定农民收入，完善农产品市场。

三、河北农村金融创新与农户需求现状调查

河北地处我国华北地区，是传统的农业生产大省，不仅是我国重要粮油产地之一，更有"中国产棉第一省份"之称。适宜的气候和地理条件下，河北果树种类繁多、产量大，各类种植和野生果树品种多达100多种，尤其以赵县雪梨、迁西的板栗、昌黎的苹果、沧州的金丝小枣以及赞

皇的大枣等闻名。截至 2014 年底，河北农业人口数量为 3741.35 万人，可耕地面积为 6537.7 千公顷，农业生产在河北经济发展中占重要地位。近年来，河北经济发展成果显著，农民收入年年攀高。2014 年，全省农业总产值 3453.42 亿元，农村居民人均可支配收入已经突破万元，农业产业化经营率达到 64.2%。但是，从近几年《河北统计年鉴》可以看出，城镇居民的人均可支配收入增幅远远超过农民人均可支配收入增幅，而且这种差距有继续拉大的趋势。农村金融发展是影响农民收入的一个重要因素，探索河北农村金融创新对农民收入的影响，对消除农村金融抑制，推进金融深化，促进农民收入的可持续快速增长具有重要的现实意义。

（一）调查样本描述

本次调查深入河北 1167 户农村家庭，通过问卷调查的形式，由每户户主填写问卷，共收回有效问卷 1161 份。

从本次调查对象的基本情况来看：性别上，调查问卷填写者有 77%为男性，23%为女性；年龄上，20~30 岁的占 10%，31~40 岁的占 15%，41~50 岁的占 47%，51~60 岁的占 16%，61~70 岁的占 3%，71~80 岁的占 0.8%，81~90 岁的占 0.4%；学历上，小学及以下的占 11%，具有初中学历的占 34%，具有高中学历的占 24%，具有高中以上学历的占 25%。

（二）调查结果

1. 河北农村中小金融机构覆盖率较高

近年来，随着村镇银行、小贷公司等逐渐在农村设立网点，民间金融也在农村市场逐步起步，新的提供金融服务的主体不断增加，使得河北农村金融服务主体呈现多元化、高覆盖态势，不再是以往单一的农信社一家服务主体。

由图 7-1 可知，在 1161 户被调查农户中，有 861 户附近有农村信用

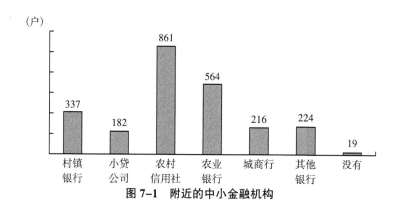

图 7-1　附近的中小金融机构

社，564 户附近有农业银行，337 户附近有村镇银行。农村信用社的普及率达到 74%、商业银行普及率为 48%、村镇银行普及率为 29%、其他银行为19%、城商行为 18%、小贷公司普及率为 15%，仅有 1.6%的人选择附近没有金融服务机构，可见，河北农村金融机构的覆盖率已经达到 98%以上。

2. 农村金融市场"融资难"的困境基本解决

农户"融资难"问题一直是突出问题，在这次农户的调查中发现，当调查"农户近期的金融需求是否得到满足"时，有 82%的农户认为自己的金融需求可以得到满足，从金融机构贷款难度不大，可以从附近的金融机构获得贷款，只有 18%的农户认为贷款有些困难，也就是说只有不足 1/5的人认为他们是难以从附近的金融机构贷到款的。在与农户的访谈中发现，农户从事的农产品生产经营的投资周期往往较长，而在投资周期内又呈现出明显的季节性特点，因此对资金需求存在"短、频、急"的特点，而目前中小金融机构的分支机构多、贷款产品丰富，基本上能够满足资农户"短、频、急"的贷款需求，因此农户"融资难"的困境已基本解决。

3. 农户借贷行为较为普遍，但文化程度对借贷行为影响不大

从对"近三年家庭是否借贷"问题的选择中，有 67.6%的调查对象在近三年发生过借贷，只有 32.3%的调查对象回答"从无"。从年龄分布看，

以 46~60 岁年龄段农户借贷意愿最强烈，该年龄段农户处于中年，生活阅历与经营经验较丰富，会找到生产投资机会，故而借贷次数较多。就文化程度分布而言，各组情况大致相当，不同教育水平农户在借贷行为上存在某种程度的相似性。

4. 农户对金融机构借贷产品的了解渠道及了解程度

农户在产生借贷需求后，通过什么方式获得中小金融机构的贷款产品信息，从而提出借贷申请的？在问卷设计中，笔者共设计了信用社网点工作人员介绍、外出打工得到的信息、当地政府和媒体的宣传、亲戚朋友的介绍、信用社的走访宣传及其他 6 个选项。这是一道可多选的题干，根据所填列的频度，信用社网点工作人员介绍和亲戚朋友介绍是其最主要的信息来源渠道，其中信贷措施通过信用社网点工作人员介绍的人有 599 人、通过外出打工得到信息的人有 227 人、通过当地政府和媒体宣传的人有 387 人、通过亲戚朋友介绍的人有 570 人、通过信用社的走访宣传的人有 201 人、通过其他途径的人有 220 人，具体占比情况见图 7-2。

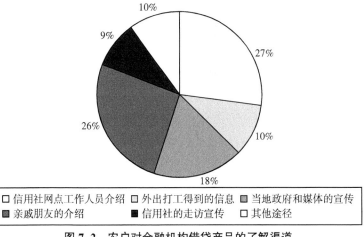

图 7-2　农户对金融机构借贷产品的了解渠道

结合前面的统计数据，可以看出河北农村信用社普及率高、业务宣传基本到位，是农户了解信贷产品的最主要渠道。另外，农户间的相互宣传也十分重要，是农户获得信贷信息的主要来源之一。更进一步，笔者调查了农户对信贷产品、信贷措施的了解和认识程度，其中，被调查者中认为对信贷一无所知的占 12%、不怎么了解的占 47%、了解一些的占 38%、非常了解的占 3%，如图 7-3 所示。

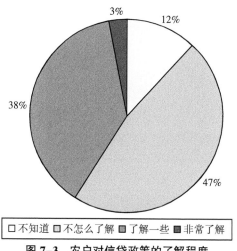

图 7-3　农户对信贷政策的了解程度

5. 贷款利率的高低依然是农户选择金融机构的主要影响因素

在目前为农户提供贷款的中小金融机构多元化的现实下，调查结果显示：农户在选择金融机构贷款时，依然首要考虑的是贷款利率高低的因素。如图 7-4 所示，贷款获得的难易程度、金融机构网点的距离、金融机构的服务态度、利率高低、对贷款的限制性条件、贷款审核程序、熟人关系、办事效率 8 个可选项目中，有 24% 的被调查者选择了利率的高低，23% 选择贷款获得的难易程度，这两个因素成为农户选择金融机构贷款的主要因素。而该金融机构网点离家的远近占 8%、该金融机构的服务态度占 9%、该金融机构对贷款限制的多少占 13%、贷款审核程序占 8%、熟人关系占 6%、办事效率占 9%。

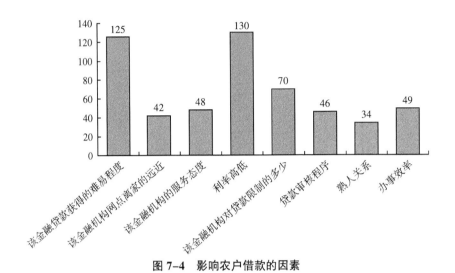

图 7-4　影响农户借款的因素

6. 贷款业务手续复杂是当前金融服务中的突出问题

为了解农户对金融机构借贷服务的建议，调查问卷设计了农户对中小金融机构服务改进意见调查，从农户视角探析当前农村金融供给存在的问题。在该题干中共设计了营业网点少、营业环境不好、办理业务手续繁杂、汇款不能及时到账、业务品种比较单一、不了解相关业务、借款期限太短、利率太高、申请成本太高、借款金额太小 10 个备选项，考虑到农户对金融服务改进意愿是多元化的，故题目设计成多项选择。在全部问卷中，农户希望改进的方面根据重要性大小依次为：办理业务手续繁杂（131 人次）、营业网点少（84 人次）、不了解相关业务（72 人次）、业务品种比较单一（39 人次）、利率太高（31 人次）、借款期限太短（29 人次）、营业环境不好（28 人次）、借款金额太小（15 人次）、申请成本太高（13 人次）、汇款不能及时到账（12 人次）、无不满意情况（5 人次），如图 7-5 所示。

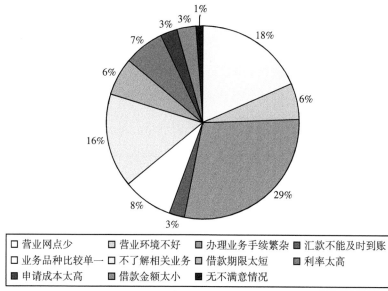

图 7-5 农户希望银行改进的选项

四、河北农村金融创新与农民收入增长实证分析

从上述调查结果可以看出，河北农村金融经过多年的改革与发展，已经逐步形成政策性金融、商业金融与合作金融相互协调，村镇银行、小额贷款公司为补充的新型农村金融组织框架。虽然农村金融供给缺口依然存在，农村金融服务有待于进一步完善，但很显然，农村金融的发展创新无疑为农民的生产生活提供了助力。可是，河北农村金融创新（信贷规模的扩大、服务体系的完善以及农村金融机构的一系列创新举措）是否对农民收入增长起到了显著性的作用，还需要进一步分析。下面，本章将通过实证分析方法论证农村金融创新与农民收入增长之间的关系。

（一）指标选取与数据来源

（1）农民收入水平指标：本章选择农村居民人均可支配收入，作为应变量用"Y"表示。

181

（2）农村金融创新指标：农村金融创新可以通过多方面体现，如规模、服务、效率等，本部分基于上节的研究结论，选取农村金融综合创新指标代表河北农村金融创新程度，用"Fc"表示。

（3）农村人力资本指标：农民的就业结构变化是影响农民收入增长的一个主要原因，目前，农村中从事非农业的人口越来越多，农民由农业部门向非农业部门就业、农村剩余劳动力的转移都会使得劳动效率大大提高，农民收入随之增加。而农民就业结构的变化离不开农村金融的有效支持，农村中小企业和乡镇企业的发展需要依靠农村金融机构提供资金。因此，本章选择农林牧渔就业人口数为农村人力资本指标，用"Flb"表示。

（4）农村投资水平指标：根据西方经济学理论，在其他条件不变的情况下，投资增加会带来国民经济水平增长，而经济水平的提高必然会带来人民收入的增加。本章选择河北农村人均固定资产投资额代表农村投资水平，用"Fiv"表示。

本章研究所选取的样本区间为 2000~2014 年共 15 年的数据，除了特殊说明的数据，所使用的数据主要来源于《河北统计年鉴》和《河北经济年鉴》。

（二）模型设计

为了研究农村金融创新程度、人力资本和投资水平等因素与农民收入提高之间的关系，本章引入柯布—道格拉斯生产函数的传统分析框架，其中，金融创新程度、人力资本和投资水平分别是一项"投入"用于"生产"过程，目的在于促进农民收入水平的提高。其具体表达式为：

$$Y = AK^{\alpha}L^{\beta}$$

将上式两边取对数，可以得到：

$$LnY = LnA + \alpha LnK + \beta LnL$$

根据本章所选定的关于农民收入增长因素的具体情况，其双对数模型可以依据式（2）写成如下形式：

$$LnY = LnA + \beta_1 LnFc + \beta_2 LnFlb + \beta_3 LnFiv$$

式中，Y 为农村居民人均可支配收入，A 为常数项，Fc 为农村金融综合创新指标，Flb 为农林牧渔就业劳动人口数，Fiv 为农村人均固定资产投资额，而 β_1、β_2、β_3 为上述三个指标的系数。将上述模型转换成一个多元线性回归模型的形式，可以用 OLS 法进行回归分析，记 y = LnY，fc = LnFc，flb = LnFlb，fiv = Lnfiv。

（三）模型的估计结果与讨论

本章基于以上双对数模型并运用 SPSS 20.0 统计软件对所研究的时间序列数据进行多元线性回归分析。在数据处理的过程中，对自变量的筛选采用"进入法"，即所有自变量直接进入模型，因为我们的分析目的主要是看各自变量对农民收入是否存在显著影响，而不涉及变量筛选问题。模型估计结果如表 7–1、表 7–2、表 7–3 所示。

表 7–1 模型汇总

模型	R	R^2	调整 R^2	标准估计的误差	Durbin–Watson
1	0.996	0.991	0.989	0.0506854	1.982

表 7–2 Anova

模型		平方和	df	均方	F	Sig.
1	回归	3.150	3	1.050	408.733	0.000
	残差	0.028	11	0.003		
	总计	3.178	14			

从模型汇总表 7–1 中，我们可以看出，相关系数的绝对值 R 为 0.996，相关系数的平方即决定系数 R^2 为 0.991，说明回归关系可以解释因变量 99.1% 的变异，即指回归方程拟合情况较为理想。并且从表 7–2 对方差分

析的结果可以看出，F 值为 408.733，P 值小于 0.05，说明该模型在整体
上是具有统计学意义的，是显著线性的。此外，采用 Durbin-Watson 残差
序列相关性检验方法进行分析后的结果表明，其统计量值为 1.982，可以
肯定说明该模型残差间相互独立，不存在自相关性。在模型整体拟合情况
较为理想的情况下，再来分析回归方程中常数项、回归系数的估计值和检
验结果，具体如下表 7-3 所示。

表 7-3　模型回归分析结果

模型	非标准化系数		标准系数	t	Sig.
	B	标准误差	Beta		
（常量）	25.504	6.907		3.692	0.004
农村金融创新指标 Fc	0.417	0.055	0.240	7.573	0.000
农村投资水平指标 Fiv	0.464	0.114	0.420	4.062	0.002
农村人力资本指标 Flb	−3.224	0.716	−0.458	−4.501	0.001

在表 7-3 的回归模型分析结果中，我们可以看出，农村金融创新程
度、农村投资水平以及农村人力资本都是显著影响农民收入的指标，拟合
可得如下多元回归方程：

$$y = 25.504 + 0.417fc + 0.464fiv - 3.224flb$$

（1）农民收入与农村金融创新。在回归模型中，使用本章第一节计算
出的农村金融综合创新指标来衡量河北农村金融创新程度，该指标在回归
结果中的统计显著性呈现为"极显著"（系数统计检验在 0.01 的置信水平
上显著），从回归方程来看，农村金融创新程度与农民收入是正相关关系，
回归系数值 0.417 代表其对农民收入的影响程度。这说明，河北农村金融
创新是农民收入增加的一个非常重要的推动因素。

（2）农民收入与农村人力资本指标。从回归方程可以看到，农村金融
创新程度并不是推动农民增收的唯一因素，农村人力资本及投资水平都是

显著影响因素。其中，农村人力资本指标的系数值为-3.224，说明农村就业结构的转变在很大程度上影响农民收入的增长，由于模型中选取的是农林牧渔的劳动者人数为指标值，所以该指标与农民增收呈反向关系，即农业部门就业者人数越少、转向非农业部门的人数越多，农民收入增长越快。

（3）农民收入与农村投资水平。从回归方程看，农村人均固定资产投资于农民可支配收入呈正相关关系，回归系数值为0.464。根据经济学原理，固定资产投资拉动经济增长，经济增长会提高农民收入水平。但是，农村固定资产的投资离不开农村金融的支持，只有农村金融机构提供更丰富的信贷产品，才能为农村固定资产投资提供充足的资金来源保障。

第二节　农村金融创新的宏观经济效应

一、数据选取与描述性统计

数据选择以 1998 年为研究基期，截至 2014 年。在前面章节当中我们已经对相关的指标以及指标的意义进行了解释，下面将对指标相关的数据及其特点进行说明，如表 7-4 所示。

表 7-4　农村金融与农村经济指标的描述性统计

项目名称	农业增加值	农业劳动力	农村农户固定资产投资	农村贷款额	社会总贷款额	农村金融机构规模
均值	1976.2	1540.23	343.54	4158.02	11802.56	4604.507
中值	1804.72	1503.21	307.78	1750.87	8397.82	3305

续表

项目名称	农业增加值	农业劳动力	农村农户固定资产投资	农村贷款额	社会总贷款额	农村金融机构规模
最大	3447.5	1678.12	609.07	19000	28000	10793.1
最小	824.55	1399.28	182.34	944.8	4133.62	1313.1
标准差	927.451	102.07	154.05	4944.29	7756.151	3063.15
偏度	0.35546	0.2476	0.5050	1.5248	0.833383	0.743761
峰度	1.70696	1.5248	1.8031	4.1169	2.35681	2.2436
JB 检验	1.2181	1.4125	1.4307	6.152**	1.9215*	1.740539
观测值	16	16	16	16	16	16

通过表 7-4 可以看出，河北各指标的中值大都出在中间年份 2007 年（选取数据为 1998~2014 年），而最大值方面，除了劳动力数据呈逐年递减趋势，其他指标均是正向增加的，最大值在 2014 年，最小值在初始年份。农村农户固定资产投资方面，总体来说一直呈现出不断上升的趋势，但最大值出现在 2010~2011 年，此后略有降低，之所以会出现此种情况大概与政府的农机下乡补贴等相关，近两年来宏观经济的周期问题导致出现短暂的下滑。以上各指标的偏度值均为正值，表示数据分布有偏右的拖尾，从而显示各指标的增（减）的速度加快。

二、模型的构建

对于河北农村金融创新与农村经济增长的研究主要分为两个部分：首先，通过将河北农村经济增长指标与河北农村金融创新综合指标联系起来进行线性回归分析。其次，将河北农村经济增长与河北农村金融创新的三个方面的指标进行深入分析。

根据第三章对农村金融创新指标的定义，我们可以得到农村金融创新指标的表达式为：$Fc = 0.321Fr + 0.3466Fs + 0.3323Fe$，根据所得到的这一综合指标与河北农村经济情况建立回归模型：$Y_t = c + Fc_t + \mu_t$，分析河北农村金融创新综合情况与农村经济增长的相互作用关系。

经济增长是指一个经济体总产出的持续增长，关于经济增长的源泉我们通常借助生产函数来研究。在先前学者研究的基础上我们将金融创新、资本和劳动投入并列作为经济增长的源泉进行研究。柯布—道格拉斯（C-D）生产函数在研究经济增长问题方面得到广泛应用，其一般形式是：$Y = A(t)L^{\alpha}K^{\beta}\mu$，它表明在一定的综合技术水平和忽略干扰因素的情况下，生产总值是投入劳动力和资本的函数，即 $Y = f(L, K)$。随着现代经济的发展，金融的核心地位日益凸显，越来越多的专家学者对金融作为一种资源配置方式的认同，因此金融发展就逐渐成为影响经济发展的重要因素。Feder（1982）、Murinde（1994）等许多国外学者开始将金融发展水平作为重要变量引入到经济生产模型之中。本文在借鉴这些文献的基础上，也将金融发展作为衡量经济发展的重要指标引入到计量模型中，构建以下函数衡量经济发展：$Y = f(L, K, F)$，其中 Y 表示生产总值，L 表示劳动力投入量，K 代表资本投入量，F 代表金融创新综合水平。

我们已经介绍了农村金融创新水平的综合评价指标分别包括：贷款转化率（fr），金融创新结构指标（fs），金融创新效率指标（fe）。由于现代经济中资本投入与投融资直接相关，因此，我们将金融创新看作是资本投入量的函数，在金融创新指标中用贷款转化率衡量资本投入量，从而不再单独计量资本投入量。金融创新综合指标我们可以用 $F = g(f_R, f_s, f_e)$ 来表示，将其代入到生产函数当中可以最终得到：

$Y = f(L, F) = f[L, g(fr, fs, fe)]$。

接下来对方程 $Y = f(L, K, F)$ 和方程 $F = g(fr, fs, fe)$ 进行全微分可以得到：

$$dY = \frac{\partial f}{\partial L}dL + \frac{\partial f}{\partial F}dF$$

$$dF = \frac{\partial g}{\partial fr}dfr + \frac{\partial g}{\partial fs}dfs + \frac{\partial g}{\partial fe}dfe$$

二式合并可得：$dY = \frac{\partial f}{\partial L}dL + \frac{\partial f}{\partial F}\left(\frac{\partial g}{\partial fr}dfr + \frac{\partial g}{\partial fs}dfs + \frac{\partial g}{\partial fe}dfe\right)$

简化整理可得：

$$dY = \frac{\partial f}{\partial L}dL + \frac{\partial f}{\partial fr}df_R + \frac{\partial f}{\partial fs}dfs + \frac{\partial f}{\partial fe}dfe$$

用 α_1 代表劳动投入量的边际产出，α_2 代表资本投入量的边际产出，α_3 表示金融创新结构的边际产出，α_4 表示金融创新效率的边际产出，可以简化为：

$$dY = \alpha_1 dL + \alpha_2 dfr + \alpha_3 dfs + \alpha_4 dfe$$

现实情况中对经济增长的影响有很多因素，我们现在研究的主要是影响经济增长的几个因素。在研究的过程中，我们既要考虑到尽可能的全面性，尽可能地符合经济发展的客观事实；同时，还要考虑到计量经济学及其相关模型的特殊性。由于我国金融发展较晚，本章研究的河北农村金融问题属于相对更细致的方向，因此在数据的整理方面存在着较大的困难，经过整理找到 2000 年以来的数据。

计量经济学 VAR 模型在研究过程中存在着其独特的优势，但在建模过程中，变量个数的增加，在很大程度上将会损失数据。综合以上情况，我们选择将 GDP 与农业劳动力（L）的比值定义为 Y，综合为一个指标。对于其他因素的影响我们统统将其归入为随机干扰项，用 μ 表示，用 C 表示截距项。

我们可以建立如下的计量经济学模型：

$$dY = C + \alpha_1 dfr + \alpha_2 dfs + \alpha_3 dfe + \mu$$

上式表示的是经济变量差分量之间的关系，即：本期与上一期的差值之间的关系。我们可以转变成指标水平量之间的关系：

$$Y_t = C + \alpha_1 fr_t + \alpha_2 fs_t + \alpha_3 fe_t + \mu_t$$

三、研究方法

由于传统的经济计量方法并不足以对变量之间的动态联系提供一个严密的说明，而且内生变量既可以做解释变量又可以做被解释变量使得估计变得更加的复杂。而本章研究的农村金融创新与农村经济增长之间的相互影响关系也并未有定论。因此本章选择使用向量自回归（Vector Autoregression，VAR）模型进行研究。

VAR 模型在对经济问题分析时具有较强的优势。VAR 是一种非结构化的多方程模型，将单变量自回归模型推广到有多元时间序列变量组成的"向量"自回归模型，相对单方程模型而言具有更高的可靠性[1]。一般情况下，在建立 VAR 模型前要对向量进行检验其是否平稳，但这并非硬性要求，即使变量非平稳但具有协整关系时 VAR 模型做出的判断同样具有说服力。

我们先利用 ADF 单位根检验方法检验平稳性，对非平稳的变量进行差分处理使之成为平稳时间序列。如果两个或者两个以上的非平稳时间序列的线性组合能够呈平稳的时间序列，我们称这些非平稳的时间序列是协整的，并可以得出协整方程，从而找到这些变量之间所存在的长期均衡关系。我们采用协整检验方法得出的检验方程只表示变量之间存在相互作用

---

[1] C. A. Sims, Macroeconomics and Reality, Econometrica, 1980（48）：1–48. Reprinted in Granger, C. W. J.（ed），Modelling Economic Series [M]. Oxford：Clarendon press, 1990.

关系，但向量之间的具体作用关系并不唯一。向量之间因果关系需要通过 Granger 因果关系检验，在此基础上进行 VAR 模型的脉冲响应函数分析和方差分解，以确定农村金融发展对农村经济发展的影响程度和对预测误差的贡献度。

四、实证研究结果与分析

（一）平稳性检验

对于任意的一组时间序列 $\{u_t\}$，当其均值、方差和协方差都与时间点 t 无关时，那么就称时间序列 $\{u_t\}$ 是弱平稳的。弱平稳要满足一下三个条件：

$E(u_t) = \mu$ 对于所有的 t；

$var(u_t) = \sigma^2$ 对于所有的 t；

$cov(u_t, u_{t-s}) = \gamma_s$ 对于所有的 t 和 s。

用计量经济学软件 Eviews 6.0 对各变量进行单位根检验，以确定变量的平稳性。检验结果表明，均为非平稳变量。因此我们对非平稳变量进行差分处理使其成为平稳变量，其结果见表 7–5。

表 7–5　变量的单位根检验

变量	检验类型 (c, t, l)	ADF 检验值 (10%显著水平下)	临界值	P 值	是否平稳
y	c, t, 0	−2.0468	−3.3103	0.533	否
fr	c, t, 0	−2.1155	−3.3423	0.494	否
fe	c, t, 0	2.4775	−2.6735	0.999	否
fs	c, t, 0	2.5607	−3.3250	1.000	否
Fc	c, t, 0	2.9544	−2.6735	1.000	否
D (y)	c, t, 1	−2.6813	−2.6286	0.053	是
D (fr)	c, t, 1	−5.0148	−2.6813	0.001	是
D (fe)	c, t, 2	−5.2289	−2.6904	0.001	是
D (fs)	c, t, 2	−3.5102	−3.3250	0.031	是
D (fc)	c, t, 2	−4.3739	−3.3628	0.021	是

关于变量的平稳性检验，可以看出以上几个变量均在 5% 的显著性水平下平稳。变量 y 和 fr 在一阶差分后就为平稳变量，fe、fs 与 fc 在二阶差分后变为平稳变量。虽然研究的变量并非同阶单整，但 VAR 模型的优势在于此，即使各变量不是同阶单整仍然不妨碍 VAR 模型的可信度。

（二）VAR 模型与协整检验

首先，对已经通过平稳性检验的变量建立 VAR 模型，其次在其基础上进行 Johansen 协整检验，判断它们之间是否存在协整关系，并进一步确定变量之间的符号关系，建立 VAR 模型时确定最佳滞后阶数是首要任务，如表 7-6 所示。

表 7-6 滞后阶数确定

阶数（P）	LogL	LR	FPE	AIC	SC	HQ
0	65.700	—	3.15E-09	-8.226691	-8.03788	-8.228702
1	117.24	68.725*	3.06e-11*	-12.96593*	-12.02186*	-12.97598*
2	131.74	11.60	7.07E-11	-12.76595	-11.06663	-12.78405

经过检验显示，当滞后阶数为 1 时几乎所有的检验标准均为最佳，所以可以确定滞后阶数为 1。在进行 Johansen 协整检验时，若 VAR 模型最优滞后阶数是 t，则协整检验的最优滞后阶数为（t-1）。因此，确定 Johansen 协整检验的滞后阶数为 0。

表 7-7 Johansen 协整检验结果

协整向量个数的原假设	特征值	迹统计量	5% 的临界值	P 值
R=0	0.928755	39.62437	32.11832	0.005
R≤1	0.759563	21.37947	25.82321	0.1734
R≤2	0.585718	13.21811	19.38704	0.3107
R≤3	0.401369	7.69665	12.51798	0.2774

检验结果显示：y，fe，fr，fs 之间至少存在一个协整方程，其中协整向量如表 7-8 所示。

表 7-8　变量间协整关系

Y	FS	FR	FE	C
1.0000	9.913612	1.398968	−3.79684	−0.2
	(−1.52019)	(−0.58967)	(−0.4255)	(−2.0801)

上述结果显示存在一个协整向量，变量之间存在协整关系，但是协整向量的估计并不是唯一的，关于变量之间的关系我们将通过进一步的模型来解释。

（三）格兰杰因果检验与向量误差修正模型（VEC）

1.Granger 因果关系检验

Granger 因果检验是与 Granger（1969）提出的，Sims（1972）推广的如何检验变量之间因果关系的方法。变量 x 是否是引起变量 y 主要看现在的变量 y 能够在多大程度上被过去的 x 解释，当变量 x 滞后 n 期的值能使变量 y 的解释程度增加，那么就说"y 是由 x Granger 引起的"。

河北农村金融创新与农村经济增长之间究竟存在怎样的影响关系我们通过 Granger 因果检验进行分析结果如表 7-9 所示。

表 7-9　Granger 因果关系检验结果

原假设	观测值数量	F 统计量	显著性水平 P 值
FE does not Granger Cause Y	16	2.94316	0.0988
Y does not Granger Cause FE		5.92825	0.02
FR does not Granger Cause Y	16	0.28768	0.756
Y does not Granger Cause FR		2.27915	0.1529
FS does not Granger Cause YY	16	4.41491	0.0422
Y does not Granger Cause FS		2.48451	0.1331
FR does not Granger Cause FE	16	1.85624	0.2063

续表

原假设	观测值数量	F 统计量	显著性水平 P 值
FE does not Granger Cause FR		0.18864	0.831
FS does not Granger Cause FE	16	3.94795	0.0545
FE does not Granger Cause FS		0.5281	0.6053
FS does not Granger Cause FR	16	0.38502	0.6901
FR does not Granger Cause FS		0.22936	0.7991
FC does not Granger Cause Y	16	9.15442	0.009
Y does not Granger Cause FC		7.38579	0.01

从宏观金融创新的角度：农村金融创新综合指标 Fc 与农村经济增长指标之间存在着互为因果关系，因此从宏观角度看，农村经济增长与农村金融创新存在相互促进的关系，农村经济增长对农村金融创新既是供给方又是需求方。

通过线性回归模型可以得到：$y_t = -0.0718 + 3.321Fc + \mu_t$，回归系数检验中常数项的 P 值为 0.08 在 1% 的显著性水平下不通过，而金融创新综合指标的系数 P 值为 0.01，有效性显著。能够充分体现两变量之间的正相关关系。通过该回归模型可以看出两者之间的具体作用大小，即当金融创新综合指标增加 1% 时能够正向地推动经济增长 3.321%。

从金融创新的各个角度看，劳动力平均 GDP 与农村金融创新效率指标之间互为 Granger 因果关系；农村金融贷款转化率能够 Granger 引起劳动力平均 GDP，但是劳动力 GDP 不能够 Granger 引起农村金融贷款转化率，农村金融创新结构指标能够 Granger 引起劳动力平均 GDP，但劳动力 GDP 不能 Granger 引起农村金融创新结构指标。也就是说，本章选取的金融创新的三个方向都能够 Granger 引起农村经济增长。农村经济增长对农村金融创新的某些方面也有着较大的影响。金融创新的各个指标之间的 Granger 因果关系不强，刚好说明本章选取的金融创新指标之间既能够有效衡量河

193

北农村金融创新程度同时又避免了指标之间的相互重复。

2. 向量误差修正模型（VEC）

Granger 和 Engle 在协整和误差修正模型的基础之上建立了向量误差修正模型（VEC）。如果变量之间存在协整关系，就可以建立变量之间的误差修正模型。当由变量的范围扩展到向量的范围时，我们可以认为 VEC 模型是含有协整约束的 VAR 模型，前文我们已经对农村金融创新指标与农村经济增长指标建立了 VAR 模型，下面我们将对其建立 VEC 模型。关于河北农村金融创新指标与河北农村经济增长指标之间的 VEC 模型系数矩阵见表 7-10。

表 7-10　向量误差修正模型系数

	D(y)	D（fe）	D（fr）	D（fs）
ecm	0.0080	0.0356	0.010	0.0060
D［y（-1）］	0.4042	(0.4768)	0.0202	0.0568
D［fe（-1）］	1.1232	0.9541	0.0115	0.3026
D［fr（-1）］	0.1979	1.6065	(0.3241)	0.2804
D［fs（-1）］	(4.0153)	(1.3829)	(0.1264)	(0.7525)
c	0.1107	0.1387	(0.0183)	0.0205

长期均衡方程为：

$$ecm_{t-1} = y_{t-1} - 39.73255fe_{t-1} - 30.98098fr_{t-1} + 107.5058fs_{t-1} + 2.876397$$

通过 VEC 模型我们可以看出，河北农村经济增长与农村金融创新之间存在着长期相互影响关系。农村经济增长与农村金融创新指标中的农村金融效率指标和农村贷款转化率是正向关系，并且系数显著；与农村金融创新结构指标之间却是负向关系，而且系数在 5% 的显著性水平下并不显著。从经济学的角度解释两个标量之间的长期关系：农村金融创新效率每提高 1 个单位，相应的农村经济增长 39.7 个单位；农村贷款转化率每提高 1 个单位，农村经济增长 30.98 个单位；农村金融创新结构指标是衡量农村贷款总额占社会贷款总额比重的指标，农村金融创新起到的是将社会资金重新在农村经济与其他经济中分配的作用。农村金融的创新使得农村贷款在社会贷款总量中的比重增加，但对于农村经济的增长不但是比重增加，同时农村贷款绝对量的增加对农村经济增长的作用更大。因此在这里表现得不显著。

从误差修正模型的系数矩阵我们可以看出，当农村经济增长与农村金融创新之间的关系偏离长期均衡以后，各变量会以怎样的速度调整回来。农村金融创新效率和贷款转化率调整速度都较快，其中调整最快的是农村金融创新效率。当出现偏离长期均衡时农村金融创新效率指标会以 0.0356 倍误差修正项的影响调整回到均衡状态。金融创新效率指标衡量的是农村贷款与农村金融机构规模的比值，农村金融创新效率越高，说明同等规模的金融机构对农村经济增长的作用越大，而农村经济的增长又在很大程度上影响金融创新效率的提高。

金融创新结构指标的调节速度最慢，这与该指标的构成有较大关系。一般情况下，农村经济的增长与农村贷款额的增长之间存在同向变动的关系，但农村金融创新结构指标的增长取决于农村贷款的增速是否超过其他方面贷款的增速，因此其调节速度受到宏观整体经济的影响。

农村经济增长长期均衡的调整速度相对比较慢，因为农村经济增长是一个综合性的指标，所受的影响来自较多的方面，处理金融创新和劳动力的多少，农村经济的增长还受到政策影响甚至是气候和自然灾害的影响。因此，农村经济增长的长期均衡调节速度要比金融的相关指标调节慢。

（四）基于 VAR 模型的脉冲响应函数分析与方差分解

脉冲响应函数（Impulse Response Function，IRF）分析的基本思想是某

一个变量受到外部冲击时，其发生变化对其他相关变量引起的冲击有多大。即在第 0 期对 x 的一个脉冲将会引起以后各期的由 x 的脉冲引起的 z 的响应函数。

方差分解（Variance Decomposition）是通过分析每一个结构冲击对内生变量变化的贡献度，即当其他各个变量发生结构性变化时，每个变量所引起的内生变量的变化程度。

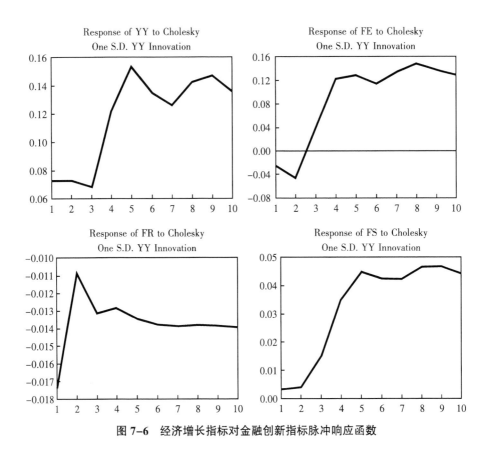

图 7-6　经济增长指标对金融创新指标脉冲响应函数

脉冲响应函数的中心思想是给某一变量一个外部冲击，以观测这一冲击引起其他变量的波动有多大。因此，我们假设给经济增长指标一个脉冲来观测对其他变量以及自身的影响。由上图可以看出经济受到脉冲对自身的后 3 期影响不大,从第 4 期开始影响迅速增加持续到第 10 期依然影响较大。由此可见经济增长对自身有持续较大的影响,并且存在着滞后性。

农村经济增长的脉冲对金融创新效率指标的影响,前两期存在反方向的影响,即农村经济增长时,金融创新效率指标不增反降,两期后有一个较大的正向冲击并且持续很久。出现该现象,与现实情况并不矛盾,当经济短时间内迅速增长时,对金融的需求将会急剧增加,将会导致金融机构的规模迅速扩大。但是刚刚成立的金融机构并不能够马上投入到金融业务开展中,两个年度的时间能够使得金融机构快速地赶上经济增长的需求,并且后期的金融创新能持续地形成规模经济引起金融效率的不断提高。

农村经济增长的波动,从第 1 期起就对贷款转化率起到了较大的作用。第 2 期达到最大值。这表明农村经济的迅速增长直接导致对农村固定资产投资的急速增加,因此从第 1 期起就会有很大的冲击。各种设备的需求引导贷款资金快速地流向固定资产投资。第 4 期后趋于平缓是因为投资高潮过后,设备等固定资产有其使用寿命,后期的冲击会逐渐地降低。

农村经济增长的波动对金融创新结构的影响从第 2 期迅速增加,两者之间为同向变动。当农村经济受到外部冲击时,直接导致农业资金需求的增加,由于农村经济短时间内受到波动,其他因素受到影响较小,因此社会其他方面的贷款需求变动不大,农村贷款需求的增加直接引起村贷款总额在社会贷款总额当中的占比增加,因此农村金融创新结构指标会快速增大。

方差分解的主要思想在于,当指标发生结构性变化时,即所有的指标均发生变化,各个指标对其中某一个指标引起的变化的影响程度有多大。因此我们选择对农村经济增长指标进行方差分解。如表 7-11 所示,当发

表 7-11 农村经济增长指标的方差分解

时期	Y	FE	FR	FS
1	100.0000	0.0000	0.0000	0.0000
2	83.8659	3.7803	0.0214	12.3324
3	84.9922	4.7906	0.1404	10.0768
4	86.4791	6.9217	1.2577	5.3415
5	83.0499	11.9912	1.7980	3.1610
6	79.4683	15.4254	1.8564	3.2499
7	78.4828	16.6976	1.9372	2.8823
8	78.2875	17.2526	2.0630	2.3969
9	77.6190	18.0603	2.1219	2.1988
10	76.9111	18.7697	2.1345	2.1847

生结构性冲击时，不考虑经济自身的影响。金融创新效率对经济增长的贡献随着时间的推移逐渐增加，并且较其他因素影响最大（达18.77%）；其次，贷款转化率指标也是逐渐增加（2.1%）；农村金融创新结构指标对经济增长的影响随着时间的推移逐渐减小，在第1期时影响较大（12.33%）。

由此可见，金融创新效率越高，对经济增长影响越大，为促进农村经济的增长有必要加快农村金融创新效率的提高；而农村金融创新直接的表现是在社会总贷款中的比重，比重越高，说明金融体系对农村经济的扶持力度越大，因此会有表中的情况出现，农村金融创新结构指标的变化对农村经济增长起到较大的冲击。

第三节　政策建议

一、推进农村金融机构市场化改革

（一）明确农村信用社定位，提高服务意识

在目前的河北农村金融体系中，农村信用社在服务农村经济方面占据着主力军的地位。改善河北农村金融创新水平，首要的是改善农村信用社的创新水平。虽然农村信用社由于资本规模较小很难与大型的商业银行在正规的资本市场竞争，但应该看到，自身多年服务农村，客户信任度较高，客户黏性大，基层网点多辐射面广。明确服务三农的意识，切忌好高骛远丢掉农村信用社在农村基层的优势。

提高服务意识创新服务方式，打破传统的被动服务方式，打破以往员工坐在营业厅里等待为客户服务的方式，增加对农村农户金融知识的宣传，利用当前的互联网等先进的媒介创新服务方式。走访该信用社覆盖范围内的农户，深入了解每一个农户的信息，增强客户黏性，提前了解客户需求，发掘潜在客户。通过移动客户端、互联网的手段对农村农户的贷款情况进行监督，达到节约自身成本降低农民贷款门槛的效果。充分利用对农户信息掌握的优势，既能达到扩大农村信用社市场和服务农户的目的，同时又能够加强农村信用社风险控制的目的。

（二）完善大型商业银行农村布局，扩大农村市场份额

20 世纪 90 年代末期，大型商业银行在农村基层的布局出现大规模缩

水，这就是大型商业银行的"非农化"。经过时代的变迁，特别是在经济"新常态"下的今天，城市重工业的发展受到限制，农村经济出现繁荣态势对金融需求不断增加，大型商业银行逐步意识到农村金融市场这片广阔的天地。由于其有较大的资金规模，较为完善的经营管理体系以及严格的风险控制能力，各大型商业银行在规模上具有先天优势。在农村金融需求不断增加的今天，大型商业银行应该抓住机遇，充分利用互联网工具技术优势与自身的资金优势，积极开展农村金融业务，快速抢夺农村金融市场。

（三）培育新型农村金融机构，完善农村金融体系

培育多样性的金融组织，在风险可控的前提下适当放松农村金融管制。合理地监督引导民间金融机构健康发展，使得整个农村金融体系内大、中、小、微各层次金融机构协同互补发展，以满足农村不同层次的金融服务需求。

村镇银行、小额贷款公司等新型农村金融机构的出现，在一定程度上填补了农村资金的需求空缺，改善了农村金融服务供求状况。新型农村金融机构的繁荣和发展将会为服务"三农"，提高市场的竞争力，促进河北农村经济更好更快地发展贡献越来越多的力量。

二、不断完善农村金融机构服务"三农"的市场环境

首先，深化农村金融机构改革，发挥其对农业生产的主要支持作用。建立农村金融机构为农村社区服务的机制；创新农村金融机构的金融产品，为农户和农村企业提供多样化的金融服务；商业银行及中国农业发展银行等政策性银行要调整职能，合理分工，扩大对农业、农村的服务范围，创新金融产品和服务方式，拓宽信贷资金支农渠道；农村信用社等农

村中小金融机构应在继续完善小额信贷机制（包括放宽贷款利率限制）的基础上，扩大农户小额信用贷款和农户联保贷款。

其次，放宽农村金融机构的市场准入条件。在严格控制社会风险和法律风险的前提下，放松对农村金融市场的管制，开放与发展农村资本市场，逐步实现农村金融体系市场化。鼓励有条件的地方政府，在严格监管、有效防范金融风险的前提下，通过吸引社会资本和外资，兴办直接为"三农"服务的多种所有制的金融组织。例如，培育民营银行，建立社区性金融机构等，为民间资金支持农业创造金融渠道；允许有组织的民间借贷在一定的法律框架内开展金融服务，尽量通过发展多元化的正式或准正式金融机构来挤出部分非正规金融活动，尤其是较大规模地脱离人缘、地缘和血缘纽带约束的非正规金融活动。

最后，建立农村金融资金回流机制。建立农村金融机构资金回流机制的重点是，解决中国农业银行和邮政储蓄资金的回流问题。政府可采取奖励或补贴等方式，依据自愿、互利和市场化的原则，加强邮储与政策性银行、小额贷款机构的合作，引导资金回流农村。

三、加速农村金融产品创新

农村金融创新旨在引导资金更多地流向农村经济，由于资本的趋利性特点，提高资本的收益将会解决资本流向的问题。因此，促进有限的农村金融资源与农业科技的结合，通过政策性补助等方式鼓励农村金融机构积极创新农村信贷产品和金融服务。

调查表明，在现有体制框架下，农户的金融需求基本可以在金融机构得到满足，但是贷款手续繁杂，而且按现行金融机构的贷款机制，农户可提供的有效抵押担保品有限。如农民的土地使用权、农村住房和农产品

（如果树、畜禽、农作物等）都不符合金融机构对抵押品的要求。因此，要真正满足农户的金融需求，需要提高办事效率，并不断探索多种抵押担保方法，构建农户贷款抵押担保的新机制。一是扶持建立各种专业合作社，使专业合作组织成为农户与金融组织联系的桥梁；二是通过政府支持探索建立为农户贷款提供信用担保服务的信用担保基金；三是利用村民小组社会压力的重要作用，建立农户信用小组和农户金融互助小组，创立联户担保基金和村民小组风险基金。

积极创新具有保险性质和储蓄性质的金融工具。我国农户的风险厌恶特征使得他们对保险存在需求，因此应该根据农户的需求开发具有保险性质的金融工具以满足市场的需求，比如不同价位的医疗保险、教育保险、应急性险种等。此外，农村市场融资难的问题使得农户在拥有闲置资金时更愿意进行存款业务，而不愿意购买金融产品，因为他们可能随时面临需要资金的情况。面对农户的这种需求，可以开发能够灵活存兑的储蓄性型的金融工具，使得金融工具能够切实满足农户的需求。

开发并积极推行授信期限长、额度大、期限长的贷款工具。根据已有的调查结果，目前河北农户的贷款金额主要集中在 1 万~10 万元，贷款期限主要集中在 3 年以下。这样较低额度、短期的贷款工具主要适用于农户修建房屋、子女教育以及婚丧嫁娶等支出，而对于规模化农业生产的经营性投资支出，这样的贷款工具显然并不适合。在当前供给侧改革的大背景下，河北农业供给侧改革重点在于发展优势产业，逐步实现规模化、产业化的农业生产经营模式，因此，农村中小金融机构应逐渐开发和推行期限长、额度大的贷款产品，以适应农业生产的实际需求。

四、发展金融中介，完善金融市场职能

农户存在利用金融衍生品规避风险的潜在需求，而这种需求为金融中介在农村金融市场发展提供了广阔的发展空间。目前，农户对这些金融衍生避险产品了解较少，他们需要有专业人士对此进行集中管理和操作，为此有必要在农村大力发展能够经营衍生品的中介机构，代替农户履行这项职能，填补农村金融服务市场的这项空白。对于农产品价格波动，金融中介可以通过签订期货合约的方式稳定农户的收入；对于在农业生产过程中的自然灾害则可以应用全球的期货市场经营指数合约等更高层次的衍生品转移自然灾害所带来的风险，这些都是农户所迫切需要的。

参考文献

[1] Drake D., Rhyne E. The Commercialization of Microfinance: Balancing Business and Development [M]. Kumarian Press, 2002.

[2] Ross Levine. Financial Development and Economic Growth: Views and Agenda [J]. Journal of Economic Literature, American Economic Association, 1997 (2): 688-726.

[3] Claudio. G.Vega, Marco Economic Policy and Reality Deepening Rural Financial Market, Policy and Political Dimensions, Paving the Way Forward for Rual Finance [D]. Working Paper, 2003.

[4] Levine R. International Financial Liberalization and Economic Growth [J]. Review of International Economics, 2001 (4): 688-702.

[5] Bassem B. S. Efficiency of Microfinance in the Mediterranean: An Application of DEA [J]. Transition Studies Review, 2009 (15): 343-354.

[6] Hassan M. K., Sanchez B. Efficiency Analysis of Microfinance Institution in Developing Countries [D]. Working Paper, 2009.

[7] J. Greenwood. Financial Development, Growth and the Distribution of Income [J]. Journal of Political Economy, 1990 (1): 1076-1107.

[8] Caudill S. B., Gropper D. M., Hartarska V. Which Microfinance

Institution Are Becoming More Cost Effective with Time? Evidence from a Mixture Model [J]. Journal of Money, Credit and Banking, 2009, 41 (4): 651–672.

[9] Roselia S., Robert R., Marrit B. Ownership and Technical Efficiency of Microfinance Institution: Empirical Evidence from Latin America [J]. Journal of Banking & Finance, 2012, 36 (7): 2136–2144.

[10] Seibel, H. D. Does History Matter? The Old and the New World of Microfinance in Europe and Asia, Working paper [D]. University of Cologne, Development Research Certer, 2005.

[11] Sherman D., Gold F. Branch Operation Efficiency; Evaluation with Data Envelopment Analysis [J]. Journal of Banking and Finance. 1985 (9): 297–315.

[12] Qayyum A., Ahmad M. Efficiency and Sustainability of Micro Finance Institutions in South Asia [J]. South Asian Network of Economic Research Institution (SANEI), 2006 (1): 7–14.

[13] Gonzalez A. Efficiency Drivers of Microfinance Institutions (MFIs): The Case of Operating Cost [J]. Micro–banking Bulletin, 2007 (15): 7–14.

[14] Yaron J., Benjamin M.P. and Piprek, G.L., Rual Finance: Issues, Design, and Best Practices [J]. Washington, DC: World Bank, 1997 (14): 7–14.

[15] Hassan Y. Aly. Grabowski R, Pasurka C. Technical, Scale and Allocative Efficiencies in U.S. Baxiking: An Empirical Nvestigation [J]. The Review of Economics and Statistics, 1990, 572 (2): 7–14.

[16] Jakson. Evaluating the Efficiency of Turkish Commercial Banks: An

Application of DEA and Tobit Analysis ［R］. International DEA Symposium in University of Queensland，2000.

［17］杜晓山，聂强，张军. 江苏小额贷款公司发展中的经验与问题［J］. 农村金融研究，2012（7）.

［18］尹学群. 农村金融制度创新研究——农户行为、内生性需求与制度供给［D］. 南京大学博士学位论文，2010.

［19］吴少新，李建华. 许传华. 基于 DEA 超效率模型的村镇银行经营效率研究［J］. 财贸经济，2013（12）.

［20］张健华. 我国商业银行效率研究的 DEA 方法及 1997~2001 年效率的实证分析［J］. 金融研究，2003（3）.

［21］潘海英. 长三角地区农村金融发展对农民收入增长影响研究［J］. 财贸研究，2013（5）.

［22］吴承尧，李冬昕，肖斌卿等. 加快我国农村金融服务创新的思考——基于农户金融服务需求的视角［J］. 金融纵横，2011（6）.

［23］赵翔. 银行分支机构效率测度及影响因素分析［J］. 经济科学，2010（1）.

［24］杨虎峰，何广文. 小额贷款公司经营有效率吗？——基于 42 家小额贷款公司数据的分析［J］. 财经科学，2011（12）.

［25］焦晋鹏. 基于 DEA-Tobit 模型的农村信用社盈利性收益测算［J］. 统计与决策，2014（6）.

［26］张兵，曹阳，许国玉. 发达地区农村信用社改革的政策效果评价——以江苏省农村商业银行模式为例［J］. 农业技术经济，2008（5）.

［27］张楠珮. 基于 DEA 超效率模型的村镇银行经营效率研究［J］. 财贸经济，2009（12）.

[28] 赵昌文，杨记军，夏秋. 中国转型时期商业银行的公司治理与绩效研究［J］. 管理世界，2013（7）.

[29] 李鸣迪. 基于 DEA 方法的我国城市商业银行效率实证研究［J］. 上海金融，2015（12）.

[30] 朱喜，李子奈. 我国农村正式金融机构对农户的信贷配给—— 一个联立离散选择模型的实证分析［J］. 数量经济技术经济研究，2006（3）.

[31] 王小宁. 基于三阶段 DEA 模型的中小企业融资效率分析［J］. 企业管理，2016（5）.

[32] 毛克. 基于主成分分析法的我国金融创新水平测度研究［J］. 理论与实践，2009（6）.

[33] 袁云峰. 基于多阶段超效率 DEA 模型的银行业效率研究［J］. 中央财经大学学报，2006（6）.

[34] 李春霄，贾金荣. 农村金融发展与经济增长关系研究——基于协整检验和误差修正模型的实证分析［J］. 广东商学院学报，2012（12）.

[35] 蓝虹. 中国农村信用社改革后的绩效评价及提升方向［J］. 金融研究，2014（4）.

[36] 姚耀军. 中国农村金融发展与经济增长关系的实证分析［J］. 经济科学，2004（5）.

[37] 游龙，张珩，罗剑朝. 小额贷款公司运行效率比较分析——基于陕北 36 个样本的实地调查［J］. 生产力研究，2013（10）.

[38] 周明栋. 农村信用社改革绩效的实证研究［J］. 西南金融，2016（6）.

[39] 董晓琳，高瑾. 小额贷款公司的运营效率及其影响因素——基于江苏 227 家农村小额贷款公司的实证分析［J］. 审计与经济研究，2014（1）.

[40] 孙良顺，周孟亮. 小额贷款公司的使命偏移及其有效治理——基于浙江两省相关统计数据 [J]. 南通大学学报（社会科学版），2014（3）.

[41] 张建波，杨国颂. 我国农村金融发展与农村经济增长关系实证研究 [J]. 山东大学学报（哲学社会科学版），2010（4）.

[42] 章晟，付余. 中部边远地区小额贷款公司效率的实证分析——来自鄂西恩施、十堰、襄阳三地的数据 [J]. 武汉金融，2014（1）.

[43] 周爱民，吕坤. 我国小额贷款公司经营效率研究——基于环境理论与区域差异视角 [J]. 青海社会科学，2015（2）.

[44] 蒋瑞波，蒋岳祥. 区域金融创新与区域经济发展的实证研究 [J]. 浙江学报，2012（9）.

[45] 耿欣，冯波. 小额贷款公司运营及其可持续发展研究——以山东小贷公司为例 [J]. 山东社会科学，2015（1）.

[46] 赵洪丹. 中国农村金融发展与农村经济增长的关系——基于1978~2009 年数据的实证研究 [J]. 经济学家，2011（11）.

[47] 武志. 金融发展与经济增长：来自中国的经验分析 [J]. 金融研究，2010（5）.

[48] 张永刚，张茜. 基于 DEA 方法的农村效率研究 [J]. 经济问题，2015（1）.

[49] 刘志友，孟德峰，陆亚娟. 微型金融机构的效率权衡：财务效率与社会效率——以江苏省小额贷款公司为例 [J]. 经济理论与经济管理，2013（5）.

[50] 周佰成，朱斯索. 金融创新对经济增长的动态影响研究 [J]. 学习与探索，2012（7）.

[51] 史永东，武志. 我国金融发展与经济增长关系的实证分析 [J].

预测，2003（8）.

　　［52］刘巍，刘丽伟.1927~1936年中国柯布—道格拉斯生产函数初探［J］.求是学刊，1998（3）.

　　［53］周立，王子明.中国各地区金融发展与经济增长实证分析［J］.金融研究，2002（10）.

　　［54］温涛，冉光和，熊德平.中国金融发展与农民收入增长［J］.经济研究，2005（9）.

　　［55］于转利，罗剑朝.小额信贷机构的全要素生产率——基于30家小额信贷机构的实证分析［J］.金融论坛，2011（6）.

　　［56］曹延求，段玲玲，治理机制、高管特征与农村信用社经营绩效：以山东省为例的实证分析［J］.南开管理评论，2014（1）.

　　［57］卢亚娟，孟德锋.民间资本进入农村金融服务业的目标权衡——基于小额贷款公司的实证研究［J］.金融研究，2012（3）.

　　［58］王曙光，王东宾.金融减贫——中国农村微型金融发展的掌政模式［M］.北京：中国发展出版社，2012.

　　［59］谢平，徐忠.农村信用社改革绩效评价［J］.金融研究，2006（1）.

　　［60］徐临，王重润，郭亚涛，基于DEA模型的小额贷款公司经营效率研究——以河北为例［J］.河北经贸大学学报，2017（1）.即将出版.

　　［61］谢英欣，张世玲.我国商业银行经营绩效评价实证研究——基于因子分析和缺失值插补［J］.统计与管理，2015（9）.

　　［62］上官飞，舒长江.基于因子分析的中国商业银行绩效评价［J］.经济问题，2011（1）.

　　［63］陈洪斌.城市商业银行经营绩效的地区间比较研究——基于DEA与Logit模型的分析［J］.金融理论与实践，2016（6）.

[64] 葛永波，赵国庆，王鸿哲.村镇银行经营绩效影响因素研究——基于山东省的调研数据［J］.农业经济问题，2015（9）.

［65］徐淑芳，余楚楚.我国村镇银行的财务效率影响因素研究——基于宏观经济环境视角［J］.宏观经济研究，2016（5）.

［66］高云峰.中国村镇银行的运行效率及影响因素研究——基于省级面板数据的分析［J］.投资研究，2016（2）.

［67］刘艳，张彼西.村镇银行支农绩效评价研究：基于四川9家样本［J］.农村经济，2015（6）.

［68］王曙光.村镇银行的定位与挑战［J］.中国金融，2015（23）.

［69］王重润，李圣敏等.小额贷款公司发展现状的调查与思考——基于山西省的案例分析［J］.农村金融研究，2014（8）.